STUD BOOK CONTINENTAL

DES

RACES CANINES

(S. B. C.)

STUD BOOK CONTINENTAL.

DES

RACES CANINES

(S. B. C.)

Chiens primés aux Expositions de France,
Angleterre, Autriche, Belgique, Italie, Suisse, Hollande
et Allemagne, de 1884 et 1885

TOME QUATRIÈME

PARIS

L CRÉMIÈRE, DIRECTEUR DU JOURNAL *LE CHENIL.*

2, PLACE WAGRAM, 2

1884

EXPOSITION DE BIRMINGHAM

(Décembre 1884).

BLOOD-HOUNDS

1re classe. — CHIENS ET CHIENNES. (Champions.)

DUNCAN, à M. J. G. Tinker, Harbone Birmingham, quatre ans deux mois, par Luath XII, hors de Dido, 1er prix.

BLOOD-HOUNDS.

2e classe. — CHIENS.

DORSET, à M. John Harrisson, West street Gateshead-on-Tyne. deux ans six mois, par Don, hors de Donna, 1er prix.

BLOOD-HOUNDS.

3e classe. — CHIENNES.

HELEN II, à M. Campbell Hulton, Whalley Range, Manchester. trois ans, par Champion Nestor, hors de Champ. Dido, 1er prix.

LÉVRIERS A POILS DURS (DEER-HOUNDS)

4e classe. — CHIENS ET CHIENNES. (Champions.)

CHAMPION LORD OF THE ISLES, à M. George Walter Hickman, Westfield, Selly Hill, Birmingham; cinq ans un mois, par Wallace, hors de Lorna, 1er prix et la coupe de Spratt.

LÉVRIERS A POILS DURS (DEER-HOUNDS)

5e classe. — CHIENS,

WARWICK, à Mrs A. Annerly Corder, Parkfield, Lyttelton Road Edgbaston. Birmingham, six ans, neuf mois, par Harry, hors de Hylda; 1er prix.

Corrie II. à M. Frank Dugdale, Wroxall Abbey, Warwick, trois ans huit mois, par Glen de Lord Breadalbane, hors de Glen, 2e prix.

LÉVRIERS A POILS DURS (DEER-HOUNDS).

6e classe. — Chiennes.

Beatrice, à M. William Gordon, Guard Bridge Cottage. Fifeshire. N. B. trois ans quatre mois, par Bevis I hors de Heather, 1er prix.

Barra, à M. G. W. Hickman, Westfield, Selly Hill Birmingham, cinq ans cinq mois, par Morni II, hors de Mona, 2e prix.

LÉVRIERS ANGLAIS (GREYHOUNDS).

7e classe. — Chiens et chiennes (Champions).

(Absent.)

LÉVRIERS ANGLAIS (GREYHOUNDS).

8e classe. — Chiens.

Colonist, à M. Harry, T. Clarke, Waste Court, Abingdon, trois ans dix mois, par Hengist hors de Lassof Surbiton, 2e prix.

Memmon, à M. H. P et P. I. Charles, Neath, six ans cinq mois, par Caliph, hors de Polly, 1er prix.

LÉVRIERS ANGLAIS (GREYHOUNDS)

9e classe. — Chiennes.

Acalia, à M. H. P. et P. J. Charles Neath, quatre ans, sept mois, une semaine, par Ambergris, hors de Myrthe, 1er prix et coupe.

Chancery, à M. Robert Lloyd, Lion Hotel, Kidderminster, quatre ans huit mois, par Balle, hors de Penitence, 2e prix.

CHIENS DE LOUTRES (OTTER HOUNDS)

10e classe. — Chiens et chiennes.

Danger, à M. J. C. Carrick, M. O. H. Carlisle, six ans, dix mois, par Lucifer, hors de Countess; 1er prix.

Bugleman, à M. Edward Hugh Wilson; clo G. Cartmel, Eden Mount Kendal. quatre ans. cinq mois, par Jester, hors de Rally, 2e prix.

CHIENS COURANTS (BEAGLES)

11e classe. — CHIENS.

Pas d'inscription.

CHIENS COURANTS.

12e classe. — CHIENNES.

ABIGAIL, à M. Charles Harrop Beck, Upton Priory, near Maccles-
field, Cheshire, âge inconnu, par Samson hors de Careless,
1er prix.

SMOOTH. — FOX-TERRIERS (A POILS LISSES).

13e classe. — CHIENS ET CHIENNES (Champions).

BROKENHURST RALLY, à M. A. H. Clarke, 7, Western Terrace, the
Park, Nottingham, six ans huit mois trois semaines, par Brokenhurst Jo, hors de Moss II, 1er prix.

SMOOTH.—FOX-TERRIERS (A POILS LISSES, GRANDE TAILLE.

14e classe. — CHIENS *(au-dessus de 18 livres anglaises)*.

WHATLEY VIPER, à M. John-Henry Shore, Whatley House, near
Home, un an trois mois, par Whatley Jock, hors de Walnut
3e prix.

SMOOTH.—FOX-TERRIERS (A POILS LISSES. GRANDE TAILLE;

15° classe. — CHIENNES *(au-dessus de 16 livres anglaises.)*

RARITY, à A. H. Clarke, 7, Western Terrace, the Park, Nottingham,
trois ans trois semaines, par Romper, hors de Jean, 2e prix.

FERNYHURST VENOM, à M. George Cordy Edwardes, Ker, Woodbridge,
Suffolk, deux ans trois mois, par Foiler, hors de Bracelet,
1er prix.

MILK-MAID, à M. George Sollory, 2, Mount Street, Nottingham,
cinq ans, par Rattler, 3e prix.

SMOOTH FOX-TERRIERS (A POILS LISSES).

16e classe. — CHIENS *(au-dessous de 16 livres anglaises)*.

MEERSBROOK MANAGER, à MM. Hill et Ashton. Heeley, near Sheffield,
deux ans huit mois, par Billesdon, hors de Little Bessie, 4e prix.

Marsden Bitters, à M. Joseph Parkin, 45, Scotland road, Nelson, Lancashire, onze mois trois semaines, par Buffoon, hors de Marsden Lill, 3e prix.

Raby Nailer, à M. Joseph J. Openshaw, the Manor House, Helcombe, Lancashire, un an trois mois, par Corinthian, hors de Plunder, 1er prix.

Danube, à Miss A. F. Serrell, Haddon Lodge, Stalbridge, Dorset, un an deux mois, par The Demon, hors de Nancy, 2e prix.

SMOOTH FOX TERRIERS (A POILS LISSES).

17e classe. — Chiennes (*au-dessous de 16 livres anglaises*).

Rosebloom, à M. A. H. Clark, 7, Western Terrace, The Park, Nottingham, un an deux mois; par Regent, hors de Highfield Rosie; 4e prix.

Meersbrook Model, à MM. Hill et Ashton, Heeley, near Sheffield, un an neuf mois, par Cedric II. hors de Mab, 1er prix et coupe de Hon. J. W. Fitzwilliams.

Richmond Patchwork, à M. Joseph J. Openshaw, The Manor House Holcombe, Lancashire, un an huit mois, par Reefer, hors de Maggie II, 2e prix.

Bell II, à M. John Terry, Navigation Inn, Meadow Lane, Nottingham, un an dix mois, par Belgrave Jerry, hors de Miss, 3e prix.

WIRE-HAIRED FOX TERRIERS (A POILS DURS).

18e classe. — Chiens.

Gingle, à M. Humphrey Francis de Trafford, Trafford Park, Manchester, deux ans deux mois, par Tim, hors de Gin, 2e prix.

Carlisle Bruce, à M. William Carrick jun, Carlisle, un an huit mois, hors de Nelly II, 1er prix.

Mach, à M. C. H. Mathews, Holywell House, Shrewsburg, un an. par Viper, hors de Vic. 3e prix.

WIRE-HAIRED FOX TERRIERS (A POILS DURS).

19e classe. — Chiennes.

Warwickshire Gipsy, à M. M. P. Lucas, The Oaks, Leamington, un an six mois, par Vagabond, hors de Lilly. 3e prix.

Water Lily, à M. A. Fraser Moor, Great Bealings, Woodbridge, Suffolk, âge inconnu, par Patch, hors de Jess, 2e prix.

Finish, à M. Edwin Powell jun. Shrewsburg, âge et pedigree inconnus, 1er prix et le collier de lord Dartmouth.

FOX TERRIERS (CHIOTS A POILS LISSES ET A POILS DURS).

20e classe. — Chiens et chiennes.

(exposés non en portée mais seuls.)

Alice, à M. John Terry, Navigation Inn, Meadow Lane. Nottingham, onze mois, par Shot, hors de Nettle, 1er prix.

Little Big, à M. John Terry, Navigation Inn, Meadow Lane, Nottingham, onze mois, par Shot, hors de Nettle, 2e prix.

Reckomer, à M. A. H. Clarke, Western Terrace, The Park, Nottingham, onze mois trois semaines, par Regent, hors de Nita. 1er prix et coupe de M. O'Grady.

Musa, à M. Isaac Everitt, Town Brewery, Birmingham, neuf mois deux semaines, par Jacks Bail, hors de Hapton Dot, 2e prix.

POINTERS (GRANDE ET PETITE TAILLE).

21e Classe. — Chiens et chiennes (Champions).

Champion-Graphic, à M. E. E. Norrish, Efford, Shobrook, Crediton, trois ans sept mois, par Bonus Sancho, hors de Fursdon Juno, 1er prix et la Coupe de Spratt.

POINTERS (GRANDE TAILLE)

22e Classe. — Chiens *(au-dessus de 55 livres anglaises)*.

Young Dick, à M. Barkley Field, Hill street, Berkeley square, London, trois ans sept mois, par Dick, hors de Flame, 3e prix.

Lake, à M. Barkley Field, Hill street, Berkeley square, London, trois ans huit mois deux semaines, par Lancet, hors de Fancy. 2e prix.

Don IX, à MM. Graham, Great Sainton, Ferry Hill, Durham, trois ans quatre mois, par Shot, hors de Meg. 1er prix.

POINTERS (GRANDE TAILLE)

23ᵉ Classe. — CHIENNES (*au-dessus de 50 livres anglaises*).

CHAMPION-BERRYL, à M. E. E. Norrish, Efford, Shobrooke, Crediton cinq ans un mois, par Bang II, hors de Pearl, 2ᵉ prix.

REVEL III, à M. E. E. Norrish, Efford, Shobrook, Crediton, un an dix mois, par Champion Graphic, hors de Champion Berryl, 3ᵉ prix.

BELLE OF BOW, à M. Barkley Field, Hill street, Berkeley square, London, trois ans quatre mois deux semaines, par Pax, hors de Climax, 1ᵉʳ prix.

POINTERS (PETITE TAILLE)

24ᵉ Classe. — CHIENS (*au-dessous de 35 livres anglaises*),

DICK III, à M. Barkley Field, Hill street, Berkeley square, London, quatre ans sept mois, par Dick, hors de Belle, 1ᵉʳ prix.

DEVON-SAM, à M. John Lee Bulled, Wilheridge, North Devon, un an onze mois deux semaines, par Don de Devon, hors de Gem of Devon, 3ᵉ prix.

ROMP, à M. Bernard Lewis, Beechley, Wrexham, deux ans cinq mois, par The Prior, hors de Sherry, 2ᵉ prix.

POINTERS (PETITE TAILLE).

25ᵉ classe. — CHIENNES (*au-dessous de 50 livres anglaises*).

JENNY OF HOMESTAY, à M. Thomas E. Issard, Crown Brewery, Newtown, un an cinq mois trois semaines, par Moble of the Forest, hors de Music of Homestay, 3ᵉ prix.

BEAU-IDEAL, à M. C. E. Norrish, Efford, Shobrooke, Crediton, un an dix mois, par Champ-Graphic, hors de Champ-Beryl, 1ᵉʳ prix.

PARDON, à M. Barklay Field, Hill stret, Berkeley square, London, un an sept mois, par Pax, hors de Lilax, 2ᵉ prix.

POINTERS (CHIOTS).

26ᵉ Classe. - CHIENS ET CHIENNES (*exposés non en portée mais seuls*).

RAKE, à M. William Charles Whiskin, The Cottage, Carnarvon, sept mois, par Byrom, hors de Fabelle Byrom, 1ᵉʳ prix.

Bunks II, à M. R. L. Aslin et H. Bowman, Fow and Hounds Hôtel,
Carlton near Nottingham, sept mois trois semaines, par Bunk
hors de Dutch, 2e prix.

POINTERS VAINQUEURS DES FIELD-TRIALS.
27e Classe. — Chiens et chiennes.

Bow-Bells, à M. R. J. Lloyd Price, Rhiwlas, Bala, Merionethshire,
North Wales, huit ans huit mois, par Bang, hors de Belle.
1er Prix, Coupe d'argent.

SETTERS VAINQUEURS DES FIELD-TRIALS.
27e Classe A. — Chiens et chiennes.

Count Wind'em, à M. R. Sl. Purcell Llewellin, Ranton Abbey,
Eccleshall, Staffordshire, sept ans huit mois, par Count Dick,
hors de Phantom, prix, coupe d'argent.

SETTERS ANGLAIS (à l'exception des setters feu et noir).
28e Classe. — Chiens et chiennes (Champions).

Count Wind'em, à M. R. Sl. Purcell Llewellin, Ranton Abbey,
Eccleshall Shaffordshire, sept ans huit mois, par Count Dick,
hors de Phantom, prix coupe d'argent du Champion national.

SETTERS ANGLAIS (à l'exception des noirs et feu).
29e classe. — Chiens

Young Rock, à M. James Freme, Wepre Hall, Flint, cinq ans,
par Champion Rock, hors de Bess, 3e prix.

Sir Stafford, à M. James Birket Cockerton, Ravens barrow
Lodge, Grange over Sands, Carnforth, un an huit mois, par
Sir Alister, hors de Grand Duchess, 2e prix.

Birket Foster, à M. James Birket Cockerton, Ravensbarrow Lodge
Grange over Sands, Carnforth, un an onze mois, par sir Alister
hors de Belle of Furness.

SETTERS ANGLAIS (excepté les noirs et feu).
30e classe. — Chiennes

Dashing Beauty, à M. R. H. Purcell Llewellin, Ranton Abbey

Eccleshall, Staffordshire, cinq ans neuf mois, par Dash II, hors
de Countess Bear, 1er prix.

Novel, M. John Shorthose, Forth House Newcastle-on-Tyne, sept
ans, par Blue Prince II, hors de Flame, 2e prix.

Dipple Daisy, à M. William Foster, Ripple Vale, Deal Kent, trois
ans huit mois, par Tam-o'-Shanter, hors de Carric, 3e prix.

SETTERS (*noirs et feu*).
31e classe. — Chiens et chiennes (Champions).

Champion Czarina, à M. Thomas Jacobs, Wolborough House, Newton,
Abbot, trois ans deux semaines, par Champion Marquis, hors
de Champion Fan II. Prix.

SETTERS (*noirs et feu*).
32e classe. — Chiens.

Shot, à M. Phineas Bulloch, Codsall Wood, Wolverhampton,
onze mois deux semaines, pédigree inconnue, 2e prix.

Satan, à M. Robert Parnell, Oundle Northamptonshire, un an
cinq mois deux semaines, par Sultan II, hors de Oundle Ruby,
3e prix.

Beaumont à M. E. L. Parsons, East street, Taunton, un an cinq
mois deux semaines, par Sultan II, hors de Oundle Ruby,
1er prix.

SETTERS (*feu et noir*).
33e classe. — Chiennes

Nell, à M. John Shorthose, Forth House, Newcastle-on-Tyne,
âge et pédigree inconnus, 3e prix.

Kate XI, à M. Alfred. R. C. Richings, Vicarage Boxmoor, Herts,
trois ans cinq mois, par Chartie, hors de Molly, 2e prix.

Heather Beauty, à M. Robert Chapman, Glenboig by Coatbridge,
Scotland, un an cinq mois, par Dash III, hors de Dye III,
1er prix.

SETTERS IRLANDAIS
34e classe. — Chiens et Chiennes.

Champion Garryowen, à M. James J. Giltrap, 53, Brighton Square,

Dublin, huit ans un mois, par Champion Palmerston, de hors Champion Belle. Prix.

SETTERS IRLANDAIS
35e classe. — CHIENS

SAMUEL, à M. E. Snow, Royal zoological Gardens, Phenix Park, Dublin, deux ans deux mois trois semaines six jours, par Cockowe, hors de Cloe, 2e prix.

NOB, à M. James Gate, Wood End, Disley, near Stockport, quatre ans six mois, par Shot, hors de Elsie, 3e prix.

LISMORE, à M. P. Arthur Beck. Trelydan Hall, Guilsfield Welshpool, trois ans un mois, par Ganymede, hors de Peri, 3e prix.

SETTERS IRLANDAIS
36e classe. — CHIENNES.

FROG, à M. Cumming Macdona, Hilbre House, West Kirby, Cheshire, deux ans trois semaines, par Eily, hors de Terry 2e prix.

BELLA RATE OF OMAGH, à M. James Kennedy, 15, South Richmond Street Dublin, âge inconnu, par Champion Palmerston, hors Kate; 3e prix.

WEE KATE à M. L. F. Perrin, 2 Connaught Place, Kingstown Co. Dublin, trois ans deux mois trois semaines, par Attie, hors de Champion Kate, 1er prix.

SETTERS (CHIOTS) DE TOUTES LES RACES.
37e classe. — CHIENS ET CHIENNES.

YOUNG TAM-O-SHANTER à M. Gideon Ryall, Oakdale, Acocks Green, huit mois une semaine, par Tam o' Shanter, hors de Balle, 1er prix.

PRINCE VICTOR, à M. John Shorthose, Fort House, Newcastle-on-Tyne, dix mois, par sir Alister, hors de Novelty, 2e prix.

RETRIEVERS (A POILS LISSES, BOUCLÉS ET ONDULÉS),
38e classe. — CHIENS ET CHIENNES (Champions).

YOUNG KING KOFFEC à M. James Fresne, Wepre Hall Flint, quatre ans, par Hold King Koffec, hors de Nellie, 1er prix.

RETRIEVERS (A POILS BOUCLÉS).

39e classe. — CHIENS.

CHAMPION WONDER, à M. Samuel Darbey, GoldStreet, Tiverton, Devon, trois ans six mois, par King Koffee, hors de Young Lucy, 1er prix et coupe de Spratt.

SMIKES, à M. Henry Stripworth, East Barkwith, Wragby, un an sept mois trois semaines, par Sam, hors de Darkey, 2e prix.

RETRIEVERS (A POILS BOUCLÉS).

40e classe. — CHIENNES.

CHAMPION BLACK PEARL, à M. Robert Chapman, Glenboig, par Coatbridge, Scotland, quatre ans, par Garnet, hors de Cocoanut 2e prix.

RETRIEVERS (A POILS LISSES OU ONDULÉS).

41e classe. — CHIENS.

MONK, à M. le Colonel C. G. Cotes, Pitchford, Shrewsburg, trois ans, par Frank, hors de Fag, 3e prix.

FRIDAY, à Lord Brooke, M. P. trois ans six mois, par Huish, hors de Peerless, 2e prix.

CHELMER, à Lord Brooke, membre du Parlement, un an sept mois, par Friday, hors de Belle.

RETRIEVERS (A POILS LISSES ET ONDULÉS)

42e classe. — CHIENNES.

BELLE III, à M. W. Downes, Sun-lorne, Shrewsbury, un an deux mois trois semaines, par Merry Monarch, hors de Moll, 1er prix.

BRAMBLE, à Captain George Mousley, Hooton Priory, Cheshire, sept ans trois mois deux semaines, par Thicket hors de Poppy, 3e prix

RHIWLOS JET, à M. R. J. Lloyd Price, Rhiwlas, Bala, Merionethshire, Nort Wales, trois ans huit mois, par Molière II, hors de Floss, 2e prix.

ÉPAGNEULS D'EAU IRLANDAIS

43e classe. — CHIENS.

YOUNG LARRY DOSLAN, à M. C. J. Doyle, 108, Great Brunswich

Street, Dublin, un an dix mois, par Champion Larry Doolan, hors de Liffy, 1ᵉʳ prix.

EPAGNEULS D'EAU IRLANDAIS
44ᵉ classe. — CHIENNES.

COLLEEN BAWON, à M. George S. Hockey, Curzon House, White Ladies' Road, Clifton, Bristol, trois ans trois mois, par Champion Connaug't Ranger, hors de Famous, 1ᵉʳ prix.

YOUNG HILDA, à M. George S. Hockey, Curzon House, White Ladies' Road, Clifton, Bristol, six ans, par Patsey, hors de Ruby, 2ᵉ prix.

EPAGNEULS CLUMBER
45ᵉ classe. — CHIENS ET CHIENNES (Champions).

RUBY, à M. R. S. Holford, Westonbirt, Tetbury, Gloucestershire, six ans sept mois, par Brush, hors de Rout, 1ᵉʳ prix.

EPAGNEULS CLUMBER
46ᵉ classe. — CHIENS.

BARNEY, à M. Robert Chapman, Glenboy par Coatbridge Scotland, un an quatre mois, par Barney, hors de Chloe, 2ᵒ prix.

PYSCHO, à MM. P. H. et P. J. Charles, Neath, huit ans, par Bob, hors de Floss, 1ᵉʳ prix.

EPAGNEULS CLUMBER
'47ᵉ classe. — CHIENNES.

DOLL, à M. Joseph Allen, Ampthill, Bedfordshire, un an six mois un jour, par Damper, hors de Trinket, 1ᵉʳ prix.

PHYLLIS, à M. R. S. Holford, R. S. Westonbirt, Tetbury, Gloucestershire, deux ans trois mois une semaine, par Rover, hors de Silk, 2ᵉ prix.

EPAGNEULS SUSSEX ET COULEUR FOIE
48ᵉ classe. — CHIENS.

CHAMPION-BACHELOR III, à M. Thomas Jacobs, Wolborough House, Newton Abbot, trois ans dix mois, par Bachelor II, hors de Brunette, 1ᵉʳ prix.

Guy, à Captain S. Moreton Thomas, Coity Mawr, Talyhout Brolch.
R. S. O. sept ans deux mois, par Bachelor, hors de Chloe,
3e prix.

Horatio, à MM. Holley Brothers. Laurel Cottage, She field Basing-
stoke, deux ans cinq mois, par Bounce, hors de Duchesse VI,
2e prix.

EPAGNEULS SUSSEX ET COULEUR FOIE
49e classe. — Chiennes.

Brida II, à M. James Partridge, 75 High Street, Barnstaple, cinq
ans deux mois une semaine, par Champion Rover III, hors de
Bridal, 1er prix.

EPAGNEULS DE PLAINE (FIELD SPANIELS).
50e classe. — Chiens et chiennes (Champions).

Champion squaw, à M. Thomas Jacobs, Wolborough House, Newton
Abbot, cinq ans et sept mois, par Champion Bachelor, hors de
Negress, 1er prix, égal.

Solus, à M. Joseph Royle, 34, Oldham Road, Manchester, quatre
ans quatre mois, par Bachelor, hors de Solus, 1er prix égal.

EPAGNEULS DE PLAINE (FIELD SPANIELS NOIRS).
51e classe. — Chiens.

Roysterer, à M. H. B. Spurgin, Northampton, deux ans, par Don
Fulano, hors de Foll, 2e prix.

Lord Bute, à M. John Henry Hussey, 16, High Street, Cardiff, trois
ans trois mois, par Alarcos, hors de Chloe, 3e prix.

Newton-Abbot-Nigger, à M. Thomas Jacobs Wolborough house,
Newton Abbot, deux ans quatre mois deux semaines, par
Jumbo, hors de Sass-o'-Devon, 1er prix.

EPAGNEULS DE PLAINE (FIELD-SPANIELS NOIRS).
52e classe. — Chiennes.

Eastens-Busy, à M. Arthur H. Easten, 5, Albemarle Terrace, An
laby Road, Hull, un an sept mois une semaine, par Champion
Solus, hors de Beverley Bess, 3e prix.

Sensation, à M. Robert Chas. Haworth, Marsh Brook House, Hin-

dley, near Wigan, âge inconnu, par Don Fulano, hors de Foll,
1er prix.

Cor, à M. H. B. Spurgin, Northampton, un an trois mois, par
Roysterer, hors de Cosie, 2e prix.

EPAGNEULS DE PLAINE (FIELD SPANIELS, COULEUR NOIRE ET FOIE EXCEPTÉS).

53e classe. — Chiens

Easten's-Bruce, à M. Arthur H. Easten, 5, Albemarle Terrace
Anlaby Road, Hull, un an sept mois une semaine, par Champion Solus, hors de Beverley Bess, 1er et 2e prix.

Sir-Garnet, à M. Thomas Jacobs, Wolborough House, Newton
Abbot, deux ans un mois, par Jumbo, hors de Brunette, 1er et
2e prix.

Newton-Abbot-Boss, à M. Thomas Jacobs, Wolborough House,
Newton Abbot, neuf mois, par Nigger, hors de Ladybird,
3e prix.

EPAGNEULS DE PLAINE (FIELD SPANIELS, COULEUR NOIRE ET FOIE EXCEPTÉS).

54e classe. — Chiennes

Newton-Abbot-Lassie, à M. Thomas Jacobs, Wolborough House,
Newton Abbot, neuf mois, par Nigger, hors de Ladybird,
3e prix.

Fanciful, à M. H. B. Spurgin, Northampton, trois ans, par Bosco,
hors de Fanny, 1er prix.

Freda, à M. H. B. Spurgin, Northampton, un an trois mois, par
Foss, hors de Chloe, 2e prix.

Prix donné par M. William Lort, une coupe en argent d'une valeur de 250 francs pour un lot de trois chiens au moins, pour
les Field-Spaniels (épagneuls de plaine).

Champion Squaw	Newton Abbot Boss
Newton Abbot Nigger	Sir Garnet
Newton Abbot Negress	Newton Abbot Lassie
Newton Abbot Boss	

Lot de MM. Thomas Jacobs, Wolborough House, Newton Abbot.

— 18 —

DACHSHOUNDS

55e classe. — CHIENS ET CHIENNES (Champions).

OLYMPION, à M. William E. Litt, Shrewsburg, trois ans un mois
par Zadtriel, hors d'Olympia, 1er prix.

DACHSHOUNDS

56e classe. — CHIENS.

BOODLES à Capt. S. Moreton Thomas, Coity Mawr. Talyhout-
Brolch. R. S. O., un an deux mois, par Fritz, hors de Chloe.
2e prix.

CHAMPION JABIN, à M. Harry Jones, Elfieda House, Cambridge, un
an huit mois deux semaines, par Raufer hors de Champion
Jezebel, 1er prix.

DACHSHOUNDS

57e classe. — CHIENNES.

GRAFINN II, à M. Havry Jones, Coity Mawr, Talyhout Brolch, R. S. O.
trois ans six mois, par Graf, hors de Grafinn, 1er prix.

ZINNIA, à M. Alfred Homfray, Hales Owen, Worcestershire, un an
cinq mois, par Champion Maximus, hors de Zanah, 2e prix.

BASSETS

58e classe. — CHIENS ET CHIENNES (Champions)

PALLAS II, à M. George Krebal, 1, Hannover Street. London, trois
ans deux mois une semaine, par Fino de Paris, hors de Pallas,
1er prix.

BASSETS

59e classe. — CHIENS.

BOURBON, à M. Frederich W. Brain, Ashfield, Bromboré Cheshire,
deux ans trois semaines, par Fino de Paris, hors de Guinevere,
1er prix.

FINO, à M. G. B. Northcote, Cranborne, Salisbury, âge et pedegree
inconnus, 2e prix.

BASSETS

60e Classe. — CHIENNES.

PALLAS, à M. George R. Krehl, 1, Hannover Street, London, six ans
quatre mois, pedigree inconnue, 2e prix.

ARTEMIS, à M. George R. Krehl, 1, Hannover Street, London, huit
ans, par Fino de Paris, 1er prix.

INSCRIPTIONS AU STUD-BOOK CONTINENTAL

DES

RACES CANINES

(S. B. C.)

Les inscriptions au Stud-Book sont de 5 francs par chien (10 feuilles d'inscription prêtes à remplir sont envoyées contre 1 franc en bon de poste).

2346. PRIDE, chienne Setter anglais Laverack à M. Léon Vilcocq château de la Neuville, par Marle (Aisne).

> *Pédigree.* — Pride née le 27 avril 1884, blanc et bleu belton chez le prince de Solms, à Braunfels-sur-Lahn par Roderick-of-Braunfels KCSB, 12,520 hors de May-Queen KCSB 12,564. — RODERICK of Braunfels par Jeune hors de Juno. — May Queen, par Murray, DHSB, 520 hors de Pride KCSB, 8,220. — Jeune par Lecester, 4,271, hors de Dart 7,191,—Juno par Bandit, 4,258, hors de Countess.— Murray par Fred III, hors de Vaynol.—Pride, 8,220, par Prince 1,399, hors de Lille II, 4295.

2347. NELL II, Setter gordon black and tan à M. Robert, 9, rue de l'Industrie, Petite Garenne de Colombes.

> *Pédigree.* — Nell, née le 12 juin 1882 à Cosne (Nièvre) chez M. le capitaine de Champs, par Dan III de la Chasse Illustrée hors de Nell, à M. le capitaine de Champs. — Dan III par Dan II hors de Kate — Nell par Rock à M. Paul Caillard, hors de Bell,— Dan II par Dan I, 1,580. — Kate par champion Regent, hors de Ruby. — Rock par champion Rouald 6,159, hors de Rhyne V.— Bell par Monarch 5,099, hors de Flora.—Dan I, 1,580, par Duke au Duc de Gordon, hors de Ruby.

2348. MARMADUKE, Setter Gordon, noir et feu à M. Godefroy, 1, rue Godefroy, à Puteaux.

Pédigree. Marmaduke, né le 5 juin, 1881. KCSB., 11,486, par Prince Charlie, 10,277. — Prince Charlie par Jock, hors de Queence. — Rose II, par Monarch 5,099, hors de Daisy 4,316. — Jock, par Chang 8,631, hors de Jessie. — Queene par Grouse, hors de Daisy. — Monarch 5,099, hors de Long hors de Rhona. — Grouse par Rock 5,103. hors de Floss 4,319. — Rock par Ronald, hors de Rhine V. Rhona 1,680, hors de Reuben, hors de Nell.

2349. Tolla, chienne pointer blanche avec taches marron, tiquetée marron, à M. Vacherot, 89, boulevard Bineau, Neuilly (Seine).

Pédigree. Tolla née le 17 mai 1884, par Slap Bang, étalon pointer du chenil du jardin d'Acclimatation (K. C. S. B. 11,300) (S. B. C. n° 2,315) hors de Thisbé (S. B. C. n° 2,189).

2350. Val, chienne setter Laverack, blanche et orange, à M. Vacherot, 89, boulevard Bineau (Neuilly-sur-Seine).

Pedigree. — Val, née le 13 mars 1884, par *Dash of Gent* (K. C. S. B. n° 13,597 à M. le baron Van Loo, hors de Belle, née le 27 avril 1875, au chenil de Wolfsmuhle à M. le Prince de Solms. — Dash of Gent par Champion Ranger (R. C. S. B. n° 1,409) hors de Bessie Sykes (S. B. C. n° 2,192). — Belle par Prince II, hors de Lucy.

2351. Puss II. Fox terrier femelle blanc avec une tache noire et feu à l'œil à M. Léon Vilcocq, au château de la Neuville, par Marle (Aisne).

Pédigree, Puss II, fox terrier femelle, née le 19 avril 1883 chez S. A. le Prince de Solms, à Braunfels-sur-Lahn, par Young Jim KCSB 11,200 hors de Young Puss KCSB 11,244. — Young Jim par Champion Spice KCSB.9856 hors de Vinnie. — Young Puss par Buff KCSB,6933 hors de Quinine. — Champion Spice par Belgrave Joe hors de Clove. — Vinnie par Nailer 5671 hors de Vivid. — Buff par Buffet hors de Swan. — Quinine par Boxer 4836 hors de Folly.

ANGLETERRE

RÈGLEMENT DE L'EXPOSITION CANINE DU PALAIS DE CRISTAL DU 13 AU 16 JANVIER 1885.

ARTICLE PREMIER. — L'exposition a lieu selon les règlements du Kennel Club.

ART. 2. — Toutes les entrées doivent être faites au plus tard le vendredi, 19 décembre. Les listes de prix et les bulletins d'entrées peuvent être obtenus en s'adressant au secrétaire 6, Cleveland Row, Saint-James, S. W.

ART. 3. — Le prix d'admission de chaque chien est de L. 1 mais les exposants pourront engager deux ou plusieurs chiens de la même classe au prix de 10 shillings par chien après le premier. Le prix d'admission doit être envoyé au secrétaire avec le bulletin d'engagement le 9 décembre, au plus tard, faute de quoi l'entrée ne pourrait pas être faite; le prix d'entrée pour chaque chien hors concours est de 10 shillings par tête.

ART. 4. — Le comité se réserve le droit de refuser toute entrée qu'il ne croirait pas devoir admettre.

ART. 5. — Des adresses avec les instructions pour l'envoi des chiens seront envoyées aux exposants en temps convenable.

ART. 6. — Tout chien doit être envoyé muni d'un collier et d'une chaîne de force suffisante.

ART. 7. — Les chiens doivent être rendus à leurs places le 13 janvier à neuf heures du matin, passé quelle heure le comité n'en recevra plus. Des gardiens avec des voitures recevront le

lundi 12 janvier aux stations du Palais de Cristal les chiens
dont le port devra être payé par les exposants. Les chiens
seront reçus à l'entrée par les préposés.

Art. 8. — Les exposants n'auront pas à s'occuper pendant la
durée de l'exposition de la nourriture ni des soins à donner à
leurs chiens.

Art. 9. — Des billets spéciaux d'admission seront délivrés aux
gardiens seulement *bona fide*; les exposants sont priés d'en
faire la demande au moment de l'engagement.

Art. 10. — Les exposants peuvent déclarer dans leurs bulletins le
prix auquel ils désirent vendre leurs chiens, mais ceux-ci
devront être vendus si le prix demandé est offert. Une commission de 10 0/0 sera retenue sur chaque vente qui devra
être faite au bureau de l'exposition.

i un chien n'est pas à vendre ce doit être déclaré. Les exposants peuvent réduire le prix de leurs chiens en en donnant
avis au secrétaire qui leur fournira une carte, sur laquelle
sera marquée la réduction, au prix de 1 shelling par chien.
Aucune autre inscription ne devra être placée au dessus des
chiens. La commission sera prélevée sur le prix auquel le
chien sera vendu.

Aucune vente n'aura lieu avant une heure, après que chaque
race aura été jugée; et si à ce moment se présentent deux ou
plusieurs demandes pour le même animal, le comité pourra à
sa discrétion faire vendre le chien soit aux enchères, so t par
estimation et le surplus ainsi obtenu sera partagé entre l'exposant et le comité.

Art. 11. — Le comité a le droit d'exclure tout chien qui ne serait
pas en état d'être admis à l'exposition pour cause de maladie,
vice, ou toute autre raison.

Art. 12. — Les opérations du jury auront lieu en public le
13 janvier et le jour suivant s'il est nécessaire. L'exposition
restera ouverte tous les jours de dix heures du matin à huit
heures du soir, sauf le vendredi où elle fermera à cinq heures
précises. Les exposants ou leurs délégués pourront emmener

les chiens sur la présentation d'une garantie convenable dès la
clôture de l'exposition. Les chiens qui ne seraient pas réclamés
le vendredi 16 janvier à sept heures du soir seront expédiés
aussitôt que possible.

Art. 13. — Les juges pourront et devront retenir un ou plusieurs
prix si les chiens exposés n'ont pas un mérite suffisant.

Art. 14. — Les décisions des juges seront sans appel, sauf le cas
où les règles n'auraient pas été observées.

Art. 15. — Toute personne trouvée détachant ou enlevant un
chien de sa place pendant les heures où l'exposition sera ouverte sans l'autorisation du comité ou du directeur sera expul-
sée de l'exposition.

Art. 16. — Les exposants seront autorisés à enlever leurs chiens
chaque soir en remettant une caution de L. 1 par tête et en pro-
duisant le reçu du prix d'entrée. Cette caution sera retenue si
le chien n'est pas ramené avant dix heures chaque matin pendant la durée de l'exposition; si le chien avait obtenu un prix
ce prix sera également retenu.

Art. 17. — Tout chien exposé doit être la propriété de l'exposant
sous le nom duquel il est entré; au cas de fausse présentation eu égard à la propriété, l'âge, le nom, pédigree, éleveur ou
description d'un ou plusieurs chiens, cette fausse présentation
étant prouvée à la satisfaction du comité, sera suivie de l'exclu-
sion de son auteur de toute exposition à venir (Kennel Club ré-
gles 1, 2, 3).

Art. 18. — Le comité fera tous ses efforts pour assurer le bien-
être et la sécurité des chiens envoyés à l'exposition, ou de
toute autre chose qui leur sera confiée, mais les exposants
ainsi que toutes autres personnes doivent être informés que le
comité ne sera pas responsable de la perte, détention ou dom-
mage arrivé à ces chiens ou à tout autre objet, que ce soit par
accident ou pour toute autre cause, ou même par suite d'une
faute ou d'une omission de lui-même ou de ses agents.

Art. 19. — Admission à l'exposition pour les non-exposants :

jour des opérations des juges une demi-couronne, les autres jours un shilling.

Art. 20. — Les exposants recevront un billet d'entrée, non transférable et valable chaque jour de l'exposition. Ce billet sera envoyé avec les adresses des chiens, il admettra l'exposant à la fois dans le Palais et dans l'exposition aussi souvent qu'il sera désiré chaque jour de l'exposition. Il n'est pas transférable.

Art. 21. — Toutes correspondances, demandes, entrées et souscriptions seront reçus aux bureau du Kennel Club 6, Cleveland Row St-James, S.W., sauf pendant la semaine de l'exposition où les lettres devront être adressées au Palais de Cristal.

La vingt-quatrième exposition de chiens, organisée au Palais de Cristal par le Kennel-Club, ouvrait hier mardi ses portes au public et peut être considérée comme la mieux réussie, tout à la fois au point de vue de la qualité et du nombre des animaux représentés. Les entrées dépassent 1,600 et on ne saurait désirer une plus belle collection de toutes les races connues dans le Royaume-Uni. Les principales classes sont bien représentées en particulier, celles des Saint-Bernards, mastiffs, bull dogs, pointers et retrievers et les différents sujets de chacune se tenaient de tellement près en mérite, que la tâche des juges était des plus difficiles. Dans la première classe, pour Bloodhounds (chiens), le seul prix décerné a été à Nestor, un superbe chien aux proportions massives appartenant à M. Beaufoy. M. Hill remporte le premier prix pour chiennes, avec Witch superbe bête de deux ans et demi, Pharaon, chien Bloodhound appartenant à M. E. Nichols obtient le premier prix dans sa classe et dans les chiennes Helen II, à M. C. Hutton est placée première.

Les mastiffs sont magnifiques et parmi eux les juges ont donné la première récompense à Maximilian, appartenant à M. G. Williams.

Comme à l'ordinaire les Saint-Bernards ont provoqué beaucoup d'intérêt et Valentine, à M. S. W. Smith, a le prix des champions dans la classe des chiens et Elfrida le prix des champions dans la classe des chiennes. Dans la classe de Saint-Bernard à poil dur, Merchant Prince (classe chiens), à MM. Smith et Dady, Eva (classe chiennes) à M. H. Chapman chacun un premier prix. Dans les classes pour Smooth Coated Saint-Bernard, Eviot à M. R. Thornton et Ida II à M. Valentine chacun un premier prix dans leurs classes respectives. Dans la classe de champions deerhounds la Coupe a été obtenue par Bevis I à M. P. Cooper et dans les autres classes pour la même race, les prix principaux sont adjugés à Gunner à M. H. Parkes et Beatrice à M. W. Gordon.

On remarque une curieuse collection de chiens étrangers, un Australien à l'aspect féroce et sauvage envoyé par M. W. Taunton ; un chien des Esquimaux ressemblant à un loup au même exposant ; un chien de berger de l'Afghanistan aux longs poils blancs propriété du Révérend A. Carter ; deux chiens chinois à M. France, un boarhound allemand, envoyé par le prince Albert de Solms et un chien des Pyrénées à M. R. Todd.

Les chiens russes, les pointers et les setters sont nombreux et excellents ; un grand intérêt a aussi été témoigné aux Chow Chows chinois, animaux superbes à tête de lion. Au premier rang parmi les attractions de l'Exposition se font remarquer les superbes classes de collies dont champion Rutland à M. A. Megson et Peggie II au Révérend H. Hamilton, ont obtenu les coupes offertes pour champions. Les dachshunds sont plus nombreux que de coutume, en raison probablement de la valeur des prix offerts par le Dachshund club. Les prix des champions ont été obtenus par champion Maximus et champion Hagar, ces deux appartenant à M. H. Walker. La collection de bull dogs est bien aussi laide qu'on la peut souhaiter, et chacun sait que la laideur n'est pas le moindre des bons points d'un bull dog.

Les bull terriers aussi sont de premier ordre et mention doit également être faite des autres classes de terriers, ainsi que de celles des épagneuls, bassets et lévriers. L'exposition qui a attiré un grand nombre de visiteurs dans la journée, restera ouverte jusqu'à vendredi soir.

(Traduction du *Standard*). Du Mans du Chalais.

Parmi les Pointers Champions c'est Graphic qui s'est trouvé à la tête de la liste, et nous trouvons étonnant que ce chien n'ait pas été réclamé à 250 livres (6250 francs). — Certains acheteurs trouveront ce prix trop élevé, mais il nous semble à nous encore bon marché; d'autant plus qu'il n'y aura aucune difficulté à le revendre à ce prix. Milton Bang II était absent, ainsi que Bellus Hector et tous les chiens de Sir. T. B. Sennard renvoyés à cause de la gale (mauge). Parmi les chiennes, il faut citer Nan pour la tête et le cou, mais elle n'a pas la tenue de Belle of Bow. Glee est en mauvais état. Dans la classe des Pointers d'un poids fort, Grandee se tient mal, porte mal sa queue, n'est pas droit devant; il a déçu toutes les espérances que nous avions fondées sur lui. Paragon est un grand chien blanc et citron et s'améliore tous les jours; il a l'œil très *clair* se tient bien, la tête et le cou sont bons et la corpulence est bonne. Leicester manque de qualité et est en mauvais état Luck of Hessew a les pieds longs et plats. Gunner est tout à fait passé comme chien d'exposition. Duke IV chien primé du docteur Salter est dans un mauvais états et galeux. Guess a une tête désagréable, Don IX a les épaules lourdes et une tête de chienne. Dash IV, chien noir et blanc est sans caractère. Don Juan II a les pieds longs, le crâne épais, et le poil est mauvais Carrie est mauvais. Don XI est trop large avec des pieds trop grands et chevilles faibles. Devon III a les jambes et les pieds bons, belle tête, et bon corps mais il est quelque peu levreté. Bolt II a la tête épaisse. Dyke est complètement fini, et lourd des épaules. Fluke est grossier de la tête aux pieds. Little Ben est large de devant et long dans les côtés — la tête et le cou sont bons. Lake se présente bien, a un port majestueux; c'est un grand chien auquel nous ne trouvons pas de défaut. Young Dick est d'une bonne qualité, bien muni d'os, long et compact. Parmi les Pointers chiennes de grande taille, Florence de Braunfels est trop légère pour une grande chienne, mais Kent Baby est loin d'être mauvaise et se montre dans toute sa beauté. Dapper a l'œil trop clair. Peg II a le museau épais, puis elle est très timide. Bloss, chienne jaune et blanche est déclassée. Devon Fan a la queue trop grosse, autrement elle est bonne, tandis que Belle Faust a trop de plis au cou. Revel III primée l'année dernière est une belle chienne; son grand défaut est d'avoir les yeux trop clairs. Ambet II chienne fortement tiquetée a un port majestueux et une bonne apparence.

Dans les chiens au-dessous 55 livres, Naso de Kipping est un beau petit chien, à l'œil clair. Devon Don est blanc et noir, couleur passée de mode : c'est un bon chien comme corps et bien fait. Lord of the Isles manque d'os. Devon Sam est dans toute sa beauté et dans une excellente condition ; ce que nous croyons être le résultat d'un usage fréquent des Pilules de M. E. Bishop, c'est un très bon chien, et mérite plus qu'il n'a reçu. Sir Garnett, le vainqueur disqualifié à l'Exposition de Maidstone, a été refusé, parce qu'il était galeux et trop lourd pour concourir dans cette classe de chiens. Duke of Glenmartrie a une expression trop sauvage. Bracket est un chiot qui promet beaucoup. Dick III, le vainqueur de Birmingham a un cachet hors ligne. Von Tromp a la tête et le cou bons; c'est un chien de bonne qualité. Russell, chien blanc et jaune citron, a reçu tout ce qu'il mérite. Tony II a les pieds trop larges. Devon Wagg a la tête un peu lourde, c'est un chien de bon cachet, et bien muni d'os. Randolph est galeux. Parmi les chiennes de petite taille et au-dessous de 50 livres, Naggie avait mauvaise mine. Lady Prioress a les yeux proéminents. Countess de Glasgow, chienne blanche et jaune citron a une jolie tête. Lotus méritait d'être récompensée. Devon Dool est très jolie, quoique très petite d'os comme la plupart des Dolls ; la qualité est bonne. Lorna Doone de Kipping a la tête et le cou bons, mais le corps est long et mal attaché. Gem of Devon est un bon type de chienne, mais les pieds sont mauvais. Codiad, chien de M. Price, 2e prix, a une mauvaise queue. Bellona, du même chenil, n'est pas en condition, le cou trop épais. Countess of Cranfield est faible de la tête. Pardon est vraiment une bonne chienne et de bonne qualité ; c'est à peine si elle a reçu ce qu'elle méritait. Nous passons la classe des chiots, car la plupart se trouvent notés dans les classes précédentes.

Pour les chiennes chiots, un second prix seul aurait dû être donné. Norma II, 1er prix, a le museau effilé et les mâchoires comme le groin de cochon. Nous lui aurions préféré Blue Alice. Viennent ensuite les Setters noirs et feu ; la bonne qualité ne se faisait remarquer que par son absence. Beaumont est sorti vainqueur, c'est un joli chien et en bonne condition. Norwich Banquo a la queue bouclée, Merton et Miser ont le type des épagneuls d'eau Irlandais, et il nous semble que la mère n'a pas dû être saillie par un étalon noir. Satan devait gagner ; c'est un bon type, la couleur feu pouvait être mieux, ainsi que sa condition. Dans la classe des chiennes, le prix fut accordé à la chienne dont la queue était écourtée et grise sous le panache. Dans les Setters Irlandais le Révérend R. O'Callaghan s'est trouvé à la tête de la liste, faute de compétiteurs. Ce type ne nous plaît pas, la tête est trop grossière et trop lourde ; de pareils vainqueurs seraient tout simplement ridicules au temps de Dash, de Old Palmerston, et Lily II, de Stone dont la couleur était parfaite, ce qui n'est pas le cas chez les chiens de M. O'Callaghan.

Dans la classe des open-dogs, le juge ayant sans doute cette sorte de chien devant les yeux, a accordé le prix à Mate. C'est un chiot à grosse tête, avec une touffe de poils au bout de la queue, il n'a reçu qu'une mention très honorable ce qui l'a fait placer sur des rangs inférieurs dans la classe des chiots ; le second prix lui fut enlevé par les chiennes, ainsi que quatre autres, tous de la même portée et appartenant à M. Anthony Taylor. L'Exposition des Retrievers était très belle. Moornstone est le plus beau que nous connaissons. The Wavy (poils ondulés), ne méritait pas d'attention, et parmi les champions à poil bouclé nous aurions donné le prix de Baron à Wonder. Dans la classe des open-dogs, Baronet, malgré la morsure sur l'œil méritait la troisième place, au-dessus de Smikes et Major-Domo ; le premier est levrété, le dernier manque d'os. Ivy a remporté le prix parmi les chiennes, c'est un chiot remarquablement bien bâti. Baroness de Devon, 2e prix est couleur crème, a l'œil foncé, c'est une chienne admirablement taillée, et remportera une meilleure place lorsque les juges ne se laisseront pas influencer par la couleur. Ajoutons que M. Farquharson a dû les juger à la lumière du gaz.

Nous voici arrivés à la classe des Setters, où M. Doyle s'est présenté comme juge. Il paraît pourtant que le mécontentement a été général, et avec raison, comme il est facile de le voir par notre critique. Dans la classe des champions (qu'on est convenu d'appeler dorénavant classe Challenges), il n'y avait que trois entrées; Sting et Plimsy, beau couple à M. J. H. Platt ont remporté le prix. Dans la classe des chiens (open class) Sportive a la tête trop lourde ; Bridfinders a bon cachet, mais il manque de poils. Tam O'Braunfels fut mal présenté. Prince Fred n'a obtenu qu'une mention très honorable ; c'est un chien blanc et jaune orange, et un des plus beaux Setters que nous ayons vus; il a la démarche un peu raide, mais nous le trouvons bien supérieur à tous les autres chiens de cette classe.

Osman VI a la tête très grossière. Young Rock III a la tête, mal formée ; les épaules très médiocres, les jambes courbées, les pieds mauvais ; il manque de caractère et l'œil est clair. Le vainqueur de M. Doyle !! King Ned, de la même portée que champion Sting, mais hélas ! quelle différence entre la condition de l'un et de l'autre ; le visage, est sans doute, la plus mauvaise partie, l'expression est désagréable, les yeux petits et obliques. Diamond II a la partie postérieure du corps bouclée. Birket Foster a le poil mauvais; l'année dernière il a reçu un mention, cette année le 3e prix. Romany Rye est trop gras, la tête un peu commune, la chienne est rendue encore plus petite par la graisse qui l'entoure. Laverack Chief de la race pure des vieux Laveracks, a été élevé en Amérique ; il ressemble au vieux Prince Bleu ; ayant les mêmes beaux poils et des cuisses magnifiques ; la tête est moins bonne que celle de Sting; il faut se rappeler que les Blue Beltons ne sont jamais aussi beaux de devant que les Beltons citrons, mais ils leur sont bien supérieurs vus de derrière. Tyroou, du major Platt aurait dû recevoir le 2e prix.

En général, les chiennes étaient bonnes : Nous ne savons pas pourquoi Empress Bess a reçu une mention honorable ; elle est petite et les poils sont bouclés. Ternie n'a reçu qu'une mention, pourtant il valait dix fois plus qu'Empress Bess. Wild Rose devait gagner les mains basses (à première vue), on a été étonné qu'il ait fallu tant de temps à M. Doyle de s'en convaincre. Parmi les Setters mâles chiots, Carlisle de M. E. Bishop avait grande chance de sortir vainqueur, mais il n'était pas à sa place au moment du jugement. Count Stoward est un bon type, mais les yeux sont trop clairs; on entendra encore parler de lui ainsi que de son frère, qui a remporté le 2ᵉ prix, Young Jock a obtenu une mention très honorable. Cellerslie Punch, mention très honorable a une tête splendide et les os forts, mais il était sale.

Wildflower Shooting times   Traduction A. WILKS

Vente de lévriers russes.

Les prix réalisés par les lévriers de Sibérie et de Perse la semaine dernière chez Alridge, n'engageront certes pas M. Gleitzmann à renouveler un essai d'importation de ces chiens en Angleterre. Le premier lot mis en vente, Liganka, chienne de Sibérie, avait une tête très caractéristique mais était en très pauvre condition; elle ne put trouver amateur, mais nous croyons qu'elle fut achetée un peu plus tard de la main à la main pour une guinée (fr 26. 50). Le nº 2, Krasotka, autre chienne de la même race, grise foncée, et très bien bâtie, fera une bonne lice portière si elle n'a que 4 1/2 mois comme il était dit. Elle fut adjugée pour 11 2gs. à M. Taunton, qui eut aussi la chance de s'assurer le dessus du panier de la vente en achetant Wedna, chienne persane bleue et ses trois *puppies*, âgés de quelques jours, par Paraschai. Ce chien était absent, et c'est heureux pour son propriétaire car en présence d'amateurs aussi peu animés, il n'aurait jamais atteint la somme de 500 livres sterling (fr. 12,500) pour laquelle il a été vendu en 1882 à l'exposition de Mosham. Le dernier chien, Nalitt, ne fut pas vendu à un prix plus élevé que Krasotka

Ces prix contrastent singulièrement avec ceux des 5 jeunes lévriers par Millington hors de Lady Lizzie dont nous avons parlé plus haut. (Traduit du *Live Stock Journal*.)

Vente de jeunes lévriers

On a vendu le samedi 3 janvier chez Alridge quelques jeunes lévriers à des prix élevés : 26 chiens ont produits 912 guinées (23,915 fr.). Une portée de 5 *saplings* par Millington hors de Lady Lizzie, nés en mars 1884, atteignirent en moyenne un peu plus de 100 guinées (3,625 fr.) pièce; et 6 autres par Clyte hors de Stylish Lady, nés en février 1884, produisirent ensemble 404 guinées. Les jeunes de Millington appartenaient à M. R. Stanton de Nottingham, ils étaient exceptionnellement typiques et bien avancés; aussi les enchères étaient-elles animées.

Le chiffre le plus élevé fut atteint par un bringé avec blanc que M. M. Fletcher paya 180 guinées (4,725 fr.) M. C. W. Lea donna 100 guinées pièce pour un chien noir et pour un autre blanc bringé. Un chien noir acheté par M. J. Russell réalisa 70 guinées, et un chien bringé fut adjugé à M. C. Wood pour 51 guinées, ce qui fait 401 guinées pour les cinq. M. Stanton avait aussi élevé une portée par Clyte hors de Stylish Lady, elle formait un lot particulièrement joli. M. J. Russell donna 100 guinées pour un chien blanc et noir, et M. C. W. Lea obtint un chien noir pour 81 guinées et un noir et blanc pour 70 guinées. M. J. Russell acheta également un noir pour 76 guinées.

(Chasse et Pêche, Bruxelles).

LE CHENIL ILLUSTRE

Le succès du *Chenil* étant aujourd'hui assuré, pour satisfaire aux nombreuses demandes de nos abonnés qui désirent voir paraître leurs annonces gratuites plus souvent, le journal, qui en est à sa quatrième année, paraîtra quatre fois par mois tous les jeudis. De plus, la publication sera illustrée et donnera la reproduction des principaux types de chiens célèbres en France, en Angleterre, en Allemagne, etc., etc.

Le prix d'abonnement sera de 10 francs par an, pour la France et l'étranger.

Les abonnés du *Chenil* ont droit à une annonce gratuite traitant de chasse, de pêche, d'acclimatation, etc. Ces annonces ne peuvent dépasser 40 mots ou nombres comptés comme pour les dépêches télégraphiques ; chaque mot en plus sera de 5 centimes, payables en timbres-poste accompagnant l'annonce. Ces 1nnonces doivent être envoyées avant le lundi de chaque semaine.

Les inscriptions au *Stud-Book* sont de 5 francs par chien (10 feuilles d'inscription prêtes à remplir sont envoyées contre 1 franc en bon de poste).

Nous publions gratis toutes les ventes de chiens, changements de chenil et naissances de chiots. Nous prions même tous les amateurs de bien nous tenir au courant.

LE LIVRE D'OR

DE LA

VÉNERIE FRANÇAISE

HISTOIRE ET STATISTIQUE

DES ÉQUIPAGES FRANÇAIS

A NOTRE ÉPOQUE

PAR

M. Pierre-Amédée PICHOT

PRÉCÉDÉE D'UNE PRÉFACE

PAR

M. LE Cte LECOUTEULX DE CANTELEU

LISTE

DES

RÉCOMPENSES DE L'EXPOSITION CANINE

DE 1885, A PARIS

Ier CROUPE

CHIENS POUR LA DÉFENSE DE L'HOMME ET POUR LA GARDE DES HABITATIONS ET DES BESTIAUX

Prix d'honneur pour le plus beau chien de garde, mâle ou femelle. 101 *Bravo*, dogue danois, à M. Frantz Caze. *Méd. d'or*.

Prix d'honneur pour le plus beau chien de berger ou de bouvier de race française, mâle ou femelle (non décerné), *Méd. d'or*.

Prix d'élevage du groupe (non décerné), 60 fr.

1re CLASSE. — *Dogues français de grande taille.
(Dogues de Bordeaux).*

1er prix. — Mâle ou femelle (non décerné), 50 fr.

2e prix. — Mâle ou femelle, 101 *Lion*, dogue de Bordeaux, à M. François, 40 fr.

2e CLASSE. — *Dogues français de petite taille.*

1er prix. — Mâle ou femelle (non décerné), 50 fr.

2e prix. — Mâle ou femelle (non décerné), 40 fr.

3e CLASSE. — *Dogues étrangers.*

1re *Subdivision.* — Grand Danois.

1er prix. — Mâle ou femelle (non décerné), 50 fr.

2ᵉ prix. — Mâle ou femelle (non décerné), 40 fr.
Mentions honorables. — 222 *Hector*, à M. Cuvelier, 50 fr.
Mentions honorables. — 59 *Sultan*, à M. le comte de Beauregard.

2ᵉ *Subdivision*. — Dogues allemands.

1ᵉʳ prix. — Mâle ou femelle. 49 *Hamlet*, à Mˡˡᵉ d'Ansac, 50 fr.
2ᵉ prix. — Mâle ou femelle. 269 *Lion*, à M. Arsène Ravry, 40 fr.

3ᵉ *Subdivision*. — Mastiffs.

1ᵉʳ prix. — Mâle ou femelle. 130 *Modoc*, à M. Portier-Lépine, 50 fr.
2ᵉ prix. — 264 *Joan*, à M. Lucien Noël, 40 fr.
Mention honorable. — 163 *Bull*, à M. du Mans de Chalais.

4ᵉ CLASSE. — *Bull-Dogs*.

1ᵉʳ prix. — Mâle ou femelle (non décerné), 50 fr.
2ᵉ prix. — Mâle ou femelle (non décerné), 40 fr.

5ᵉ CLASSE. — *Chiens de montagne*.

2ᵉ *Subdivision*. — Chiens du Saint-Bernard ou des Alpes.

1ᵉʳ prix. — Mâle ou femelle (non décerné), 50 fr.
2ᵉ prix. — Mâle ou femelle (non décerné), 40 fr.

2ᵉ *Subdivision*. — Chiens divers de montagne.

1ᵉʳ prix. — Mâle ou femelle. 158 *Médor*, à M. Emile Lelieur, 50 fr.
2ᵉ prix. — Mâle ou femelle. 201 *Fidèle*, à M. Maury, 40 fr.
2ᵉ prix supplémentaire. — 36 *Pacha*, à M. Essig, 40 fr.

6ᵉ CLASSE. — *Chiens de Terre-Neuve*.

1ᵉʳ prix. — Mâle ou femelle. 231 *Jupiter*, à M. Lavigne, 50 fr
2ᵉ prix. — Mâle ou femelle. 133 *César*, à Mᵐᵉ Tracy de Bray 40 fr.
Médaille d'argent de M. le Ministre de l'agriculture : 306 *Thom*, à M. Cauteru.

7e CLASSE. — *Chiens de berger et de bouvier.*

1re *Subdivision.* — Chiens de berger.

Médaille d'or de M. le Ministre de l'agriculture : 176 *Sans-Gène.* à M. le prince de Béarn.

1er prix. — Mâle ou femelle. 2/3 *Porthos*, à M. de Terme, 50 fr.

Rappel de prix d'honneur 1882 et de prix unique 1883. — 256 *Jacques*, à M. Foussemagne.

2e prix. — *Ex-æquo.* 193 *Bas-rougé*, à M. Fazeau, 40 fr. 194 *Charlotte*, à M. Fazeau, 40 fr.

2e *Subdivision.* — Chiens de bouvier.

Médaille d'or de M. le Ministre de l'agriculture : 266 *Gigot*, à M. Gersant.

1er prix. — Mâle ou femelle (non décerné), 50 fr.

2e prix. — Mâle ou femelle (non décerné), 40 fr.

8e CLASSE. — *Chiens de berger étrangers.*

1er prix. — Mâle ou femelle, *Gyp*, à M. J. du Mans de Chalais, 50 fr.

2e prix. — *Ex æquo*, 196 *Turc*, à M. Longuevernhe, 40 fr. — 161 *Bessie*, à M. R. W. Fidge. 40 fr.

DEUXIÈME GROUPE

CHIENS COURANTS FRANÇAIS OU PRÉS DU SANG FRANÇAIS

9e CLASSE. — *Meutes de seize chiens ou chiennes minimum dont moitié au moins nés ou élevés chez le propriétaire.*

Prix d'honneur. — 25 Meute de M. Nathaniel Johnston, 150 fr.

1er prix. — (non décerné), 100 fr.

2e prix. — (non décerné), 80 fr.

Mention honorable. — 323 Meute de M. Lefebvre (de Londinière)

10e CLASSE. — *Meutes de seize chiens au moins de toutes provenances d'une taille de 60 centimètres minimum.*

1er prix. — (non décerné), médaille de vermeil.

2e prix. — (non décerné), 50 fr.

11e CLASSE. — *Chiens exposés seuls de 60 centimètres minimum.*

Prix d'honneur. — Mâle ou femelle. 26 *Avant-Garde*, à M. Nathaniel Johnston, 100 fr.

1er prix. — Mâle ou femelle. *Étincelle*, à M. Johnston (non cataloguée), 80 francs.

2e prix. — *Tamerlan*, à M. le comte Durand de Beauregard, 50 fr.

12e CLASSE. — *Meutes de seize chiens au moins de toutes provenances d'une taille inférieure à 60 centimètres.*

1er prix. — (non décerné), médaile de vermeil.

2e prix. — (non décerné), 50 fr.

13e CLASSE. — *Chiens exposés seuls de moins de 60 centimètres.*

1er prix. — Mâle ou femelle. 192 *Noblesse*, à M. Benoît-Champy, 89 fr.

2e prix. — Mâle ou femelle (non décerné), 50 fr.

3e GROUPE

CHIENS COURANTS BATARDS

14e CLASSE. — *Meutes de seize chiens ou chiennes minium, dont moitié au moins nés et élevés chez le propriétaire.*

Prix d'honneur. 367 Meute de Mme la duchesse d'Uzès, 150 fr.

1er Prix. — (non décerné), 100 fr.

2e — (non décerné), 50 fr.

15e CLASSE. — *Meute de seize chiens au moins de toutes provenances d'une taille minimum de 60 centimètres.*

1e prix. — (non décerné), *médaille de vermeil.*

2e — 54 Meute de M. le comte Durand de Beauregard, 50 fr.

16e CLASSE. — *Chiens exposés seuls de 60 centimètres mini-mum.*

Prix d'honneur. — Mâle ou femelle. 153 *Durandale,* à M. Benoît-Champy, 100 fr.

1er Prix. — Mâles. *Ex-æquo.* 374 *Rapideau,* à M. le vicomte Greffulhe, 80 fr.

375 *Cerf-Volant,* à M. le vicomte Greffulhe, 80 fr.

2e prix. — Mâle. 70 *Farineau,* à M. le vicomte Emile de la Besge, 50 fr.

3e prix créé. — 370 *Braconnier,* à Mme la duchesse d'Uzès. 50 fr.

1er — Femelle. 372 *Vendée,* à Mme la duchesse d'Uzès, 80 fr.

17e CLASSE. — *Meutes de seize chiens au moins de toutes provenances d'une taille inférieure à 60 centimètres*

1er prix. — (non décerné), *médaille de vermeil.*

2e — (non décerné), 50 fr.

18e CLASSE. — *Chiens exposés seuls de moins de 60 centi-mètres.*

1er prix. — Mâle ou femelle (non décerné), 80 fr.

3e — Mâle ou femelle, 34 *Salambô,* à M. Benoît-Champy, 50 fr.

4e GROUPE

GRIFFONS COURANTS, BASSETS ET CHIENS DE CHASSE A TIR FRANÇAIS.

1er DIVISION. — GRIFFONS COURANTS.

19e CLASSE. — *Meutes de seize griffons minimum, dont moitié au moins nés et élevés chez l'exposant et âgés de trente mois au plus.*

Prix d'honneur créé. — 29 Meute de M. Etienne Coste.

1er prix. — (non décerné), 100 fr.

2e — (non décerné), 60 fr.

2e CLASSE. — *Meutes de seize griffons minimum de toutes provenances.*

1er prix. — 172 Meute de M. Henri de la Brunière, 80 fr.
2e — (non décerné), 50 fr.

21e CLASSE. — *Griffons courants exposés seuls.*

Prix de championnat des chiens courants. 30 *Clairon*, à M. Etienne Coste.

Prix d'honneur. — Mâle ou femelle. 33 *Vautour*, à M. Etienne Coste, 100 fr.

1er prix. — Mâle ou femelle. 357 *Centaure*, à M. Henri de la Brunière, 80 fr.

2e prix. — Mâle ou femelle, 141 *Souillard*, à M. le vicomte Guy de Leusse, 50 fr.

2e prix créé. — 31 *Gendarme*, à M. Etienne Coste, 50 fr.

2e **DIVISION**. — BRIQUETS ET CHIENS DE CHASSE A TIR FRANÇAIS

22e CLASSE. — *Meutes de douze briquets minimum.*

1er prix. — (non décerné), 80 fr.
2e prix. — (non décerné), 60 fr.
1er prix. — Créé à titre spécial, pour lot de chiens : Chiens, nos 360 à 365, à M. le comte de Salvert.

23e CLASSE. — *Briquets exposés seuls.*

1er prix. — Mâle ou femelle. 187 *Fleurette*, à M. Bocquet, 50 fr.
2e prix. — Mâle ou femelle, 123 *Tombeau*, à M. Bureau, 40 fr.

3e **DIVISION**. — BASSETS FRANÇAIS.

24e CLASSE. — *Meutes de douze bassets minimum, dont moitié au moins nés et élevés chez le propriétaire.*

Prix d'honneur créé. — 72 Meute de M. le comte Christian d'Elva.

Prix de la coupe offerte par M. le Président de la République. — Meute de M. le comte Christian d'Elva.

1er prix. — (non décerné), 80 fr.

2e prix. — (non décerné), 60 fr.

25e CLASSE. — *Bassets exposés seuls.*

Prix d'honneur. — Mâle ou femelle, 186 *Flambeau,* à M. Bocquet, 80 fr.

1re *Subdivision.* — Bassets a jambes torses.

1er prix. — Mâle ou femelle. 97 *Fanfare,* à M. Harmant, 50 fr.

2e prix. — Mâle ou femelle. 267 *Ravaude,* à M. le baron Dauvilliers, 40 fr.

2e *Subdivision.* Bassets — A jambes droites.

1er prix créé. — 180 *Ravaude,* à M. Artigou, 80 fr.

2e prix créé. — 140 *Marengo,* à M. Lonvert, 60 fr.

3e prix créé. — 44 *Tambour,* à M. Tribert, 40 fr

26e CLASSE. — *Meutes de douze Bassets minimum de toute provenance.*

1er prix. — (non décerné), 80 fr.

2e prix. — (non décerné), 60 fr.

Prix d'honneur pour lot de chiens, créé à titre spécial, 87 à 92, Bassets de M. le marquis de Nicolay.

5e GROUPE

CHIENS COURANTS ÉTRANGERS

27e CLASSE. — *Meutes de seize chiens courants étrangers au moins.*

Prix unique. — 271 Meute de MM. le comte de Beauregard et Henri de Beauregard, 100 fr.

28e CLASSE. — *Chiens courants anglais exposés seuls de 60 centimètres minimum.*

Prix d'honneur. — Mâle ou femelle (non décerné), 100 fr.

1er prix. — Mâle ou femelle (non décerné), 80 fr.

2e prix. — Mâle ou femelle (non décerné), 50 fr.

29ᵉ CLASSE. — *Chiens courants anglais exposés seuls de moins de 60 centimètres.*

1ᵉʳ prix. — Mâle ou femelle. 300 *For-Ever*, à MM. le comte de Beauregard et Henri de Beauregard, 60 fr.

2ᵉ prix. — Mâle ou femelle. 260 *Montjoie*, à M. Roger de la Borde, 40 fr.

30ᵉ CLASSE. — *Chiens courants de races diverses étrangères exposés seuls.*

Prix unique des femelles. — 301 *Anisette*, à MM. le comte de Beauregard et Henri de Beauregard, 60 fr.

31ᵉ CLASSE. — *Griffons étrangers exposés seuls.*

1ᵉʳ prix. — Mâle ou femelle (non décerné), 60 fr.
2ᵉ   —   —   (non décerné), 40 fr.

32ᵉ CLASSE. — *Bassets étrangers.*

1ᵉʳ prix. — Mâle ou femelle. 138 *Walman II*, à M. Josse Gihoul, 50 fr.
Rappel de 1ᵉʳ prix 1883. 310 *Czar*, à M. le vicomte de Canisy.
    —   —   320 *Czarine*, à M. le vicomte de Canisy.
1ᵉʳ prix. — Femelle. 139 *Gretchen*, à M. Josse Gihoul, 50 fr.
2ᵉ   —   93 *Seal*, à M. Henri de Rothschild, 40 fr.

6ᵉ GROUPE

CHIENS D'ARRÊT

33ᵉ CLASSE. — *Chiens d'arrêt français à poil ras.*

Prix d'honneur. — Mâle, 155 *Ploff*, à M. G. Fautrel, 100 fr.
    —   Femelle. 308 *Belle*, à M. Hector Dorveau, 80 f.
Rappel de prix d'honneur. — 132 *Diane*, à M. Claude Mellet.
Prix d'élevage, 19 à 22. Chiens de M. Bathiat La Coste, 60 fr.

1re *Subdivision*. — Race Dupuy.

1er prix. — Mâle ou femelle (non décerné), 50 fr.
2e — — 236 *Désir*, à M. Charles Dupas.
40 francs.

2e *Subdivision*. — Race de Saint-Germain.

1er prix. — Mâle. 19 *Médor*, à M. Bathiat-Lacoste, 50 fr.
— Supplémentaire. 62 *Paf II*, à M. le comte d'Alton.
1er prix. — Femelle. 20 *Diane*, à M. Bathiat-Lacoste, 50 fr.
— Supplémentaire. 109 *Perrette*, à M. L. Valin, 50 fr.
2e prix. — Mâle. 22 *Fox*, à M. Bathiat-Lacoste, 40 fr.
2e prix. — Femelle, 21 *Miss*, à M. le marquis de Houdelot, 40 f.
2e prix supplémentaire. 106 *Blanche*, à M. Rousselle, 40 fr
— Rappel de 1884. 355 *Olga*, à M. Raymond d'Imbleval
Prix offert par M. Sanfourche. 155 *Ploff*, à M. Fautrel.

3e *Subdivision*. — Race du Bourbonnais.

1er prix. — Mâle ou femelle (non décerné), 50 fr.
2e — Mâle. 42 *Néron*, à M. Lormeau, 40 fr.
2e — Femelle. 312 *Flora*, à M. Duringer, 40 fr.

4e *Subdivision*. — Braques de divers pays.

1er prix. — Femelle. 311 *Diane*, à M. Mary, 50 fr.
1er — Rappel. 188 *Mica*, à M. A. Lamotte.
2e — Femelle. 202 *Bellone*, à M. Allibert, 40 fr.
Mention honorable. 35 *Cora*, à M. Tanazac.

34e CLASSE. — *Chiens d'arrêt étrangers à poils ras.*

Prix d'honneur. — Mâle (non décerné), 100 fr.
— — Femelle (non décerné), 80 fr.
— D'élevage (non décerné), 60 fr.

1re *Subdivision*. — Pointers.

1er prix. — Mâle. 216 *Dick*, à M. Trudelle, 50 *fr.*
1er — Femelle. 104 *Star*, à M. Louis Daval, 50 fr.
2e — Mâle. 124 *Burstone*, à M. E. Coulombel, 40 fr.

2e *Subdivision.* — Braques étrangers.

1er prix. — Mâle ou femelle (non décerné), 50 fr.
2e prix. — Mâle ou femelle (non décerné), 40 fr.

35e CLASSE. — *Chiens d'arrêt français à poils soyeux.*

Prix d'honneur. — Mâle (non décerné), 100 fr.
Prix d'honneur. — Femelle (non décerné), 80 fr.
Prix d'élevage. — 113-114 *Odette* et *Kroumir II*, à M. de Molon, 60 fr.

1re *Subdivision.* — Epagneuls français de races diverses.

1er prix. — Mâle. 340 *Faust*, à M. A. Grusse d'Agneaux, 50 fr.
1er prix. — Rappel de 1er prix 1883. *Odette*, à M. de Molon.
2e prix. — Mâle. 225 *Millot*, à M. Michel Pradier, 40 fr.
2e prix supplémentaire. — Mâle. 226 *Black*, à M. Jean Noullaud, 40 fr.

2e *Subdivision.* — Epagneuls français de Pont-Audemer.

1er prix. — Mâle ou femelle (non décerné), 50 fr.
2e prix. — Mâle ou femelle (non décerné), 40 fr.

36e CLASSE. — *Chiens d'arrêt étrangers à poils soyeux.*

Prix d'honneur. — Mâle. 10 *Buckingham.* Setter Gordon, à M. Edmond Hervé, 100 fr.
Prix d'honneur. — Femelle. 243 *Rita*, à M. Villard, 80 fr.
Prix offert par la maison Spratts Patent. 243 *Rita*, à M. Villard, 250 fr.
Prix anonyme offert par un membre de la Société au plus beau setter anglais de sang laverack, né et élevé en France. 243 *Rita*, à M. Villard, 100 fr.
Prix d'élevage. — 1 à 8. Chiens de M. le baron de Segonzac, 60 fr.

1re *Subdivision.* — Setters anglais et laveracks.

1er prix. — Mâle. 239 *Stop*, à M. Georges Stiévenard, 50 fr.
Prix offert par la maison Spratts Patent. 239 *Stop*, à M. Georges Stiévenard, 250 fr.

1er prix. — Femelle, *Vaynol II*, à M. le baron de Segonzac, 50 fr.

2e prix, créé. — Femelle. 113 *Myrrha*, à M. Josson, 40 fr.

Mention honorable. — 299 *Flora*, à M. le vicomte Geoffre de Chabrignac.

2e *Subdivision.* — Setters Gordon.

1er prix. — Mâle. 272 *Bruce VI*, à M. Henri Holker, 50 fr.

1er prix. — Femelle. 174 *Ruby*, à M. Josson, 50 fr.

2e prix. — Mâle. 331 *Dollar*, à M. le comte de Bertier, 40 fr.

2e prix. — Femelle. 337 *Sybille II*, à M. le vicomte de Lestrange, 40 fr.

Mention honorable. — Mâle. 57 *Moüm*, à M. le comte de Beauregard.

Mention simple. — Mâle. 241 *Little Duck*, à M. Navette.

Mention très honorable. — Femelle. 347 *Mona*, à M. Willame Pagnier.

Mentions honorables. — Femelles. 13 *Fag*, à M. D. Ribaute. 285 *Dora*, à M. A. Baillergeau d'Argentay. 294 *Ida*, à M. Jules Veyrier.

3e *Subdivision.* — Setters irlandais.

1er prix. — Mâle. 224 *Ben*, à la Société havraise pour l'amélioration de la race canine, 50 fr.

1er prix. — Femelle. 43 *Myrrha*, à M. Louis Tribert, 50 fr.

2e prix. — Mâle. 150 *Dot*, à M. Clovis Toussaint, 40 fr.

2e prix. — Femelle. 152 *Juno*, à M. Clovis Toussaint, 40 fr.

Mention très honorable. — 125 *Bob III*, à M. E. Coulombel.

37e CLASSE. — *Chiens d'arrêt griffons et barbets de tous pays.*

Prix d'honneur. — Mâle. 227 *Thug*, à M. Chopard, 100 fr.

Prix d'honneur. — Femelle (non décerné), 80 fr.

Prix d'élevage. — 354 *Fréja* avec ses petits, à M. Willame Pagnier, 60 fr.

1re *Subdivision.* — Griffons à poils durs.

1er prix. — (non décerné), 50 fr.

2ᵉ prix. — Mâle. 358 *Tom*, à M. Henry Ravry, 40 fr.

2ᵉ prix supplémentaire. — Mâle. 120 *Diamant*, à M. Foussemagne, 40 fr.

2ᵉ prix. — Femelle. 554 *Freja*, à M. Willame Pagnier, 40 fr.

2ᵉ *Subdivision.* — griffons à poils laineux et barbets.

1ᵉʳ prix. — Mâle. 315 *Taupe*, à M. Marquet de Vasselot, 50 fr

2ᵉ prix. — Mâle. 119 *Plock*, à M. Henri Noirot, 40 fr.

2ᵉ prix. — Femelle. 86 *Fan*, à M. J. C. Ludovic, comte de Joybert, 40 fr.

38ᵉ CLASSE. — *Epagneuls anglais de chasse à tir* (Cokers, Clumbers, Field Spaniels, Water Spaniels, Sussex Spaniels, etc.)

1ᵉʳ prix. — Mâle. 203 *George*, à M. le comte G. de la Roche-Aymon, 50 fr.

1ᵉʳ prix. — Femelle, 142 *Queeney*, à M. L. Lacau, 50 fr.

2ᵉ prix. — Mâle. 147 *Dash*, à M. Henri Hauchard, 40 fr.

2ᵉ prix. — Femelle. 148 *Flo*, à M. Henri Hauchard, 40 fr.

Mention honorable. — 352 *Cora*, à M. Willame Pagnier.

39ᵉ CLASSE. — *Retrievers.*

1ᵉʳ prix. — Mâle ou femelle. — (non décerné), 50 fr.

2ᵉ prix. — Mâle ou femelle (non décerné), 40 fr.

7ᵉ GROUPE

CHIENS DE LUXE ET D'APPARTEMENT

40ᵉ CLASSE. — *Lévriers de grande taille et de tout pays à poils ras.*

1ʳᵉ *Subdivision.* — Greyhounds.

1ᵉʳ prix. — Mâle ou femelle (non décerné), 40 fr.

2ᵉ prix. — Mâle ou femelle. 247 *Faust*, à M. Victor Kacquet, 30 fr.

2ᵉ *Subdivision.* — Sloughis.

1ᵉʳ prix. — Mâle ou femelle. 183 *Richa*, à M. Tournade, 40 fr.

2ᵉ prix. — Mâle ou femelle (non décerné), 30 fr.

CLASSE 40 bis. — *Lévriers de course à poils ras.*

1er prix. — Mâle. 143 *Ali*, à M. Bournisien, 80 fr.
1er prix. — Femelle. *Kiss*, à M. Edmond Poirier (lot 248), 80 fr.
2e prix. — Femelle (non décerné), 70 fr.

44e CLASSE. — *Lévriers de grande taille et de tous pays
à poils longs.*

1re *Subdivision.* — Deerhounds.

1er prix. — Mâle ou femelle (non décerné), 40 fr.
2e prix. — Mâle ou femelle (non décerné), 30 fr.

2e *Subdivision.* — Lévriers russes, syriens, etc.

1er prix. — Mâle ou femelle. 204 *Marguerite*, à M. Edouard
Detaille, 40 fr.
1er prix supplémentaire. 306 *Bulgare*, à M. Lemoine, 40 fr.
2e prix. — Mâle ou femelle. 304 *Argos*, à M. de Pomereu fils, 30 fr.
Mention honorable. — 214 *Popoff*, à M. Ch. Cuvelier.

CLASSE 41 bis. — *Lévriers de course à poils longs.*

1er prix. — Mâle. 230 *Dumovoy*, à M. D. F. Zambaco, 80 fr.
1er prix. — Femelle. 356 *Nitza*, à M. Boulard de Villeneuve, 70 fr.

42e CLASSE. — *Levrons et levrettes.*

1er prix. — Mâle ou femelle. 47 *Aïda*, à Mme R. Benson, 40 fr.
2e prix. — Mâle ou femelle, 250 *Mina*, à M. F. Motsch.

43e CLASSE. — *Caniches.*

1er prix. — Mâle ou femeile. 162 *Léa*, à M. Louis Février, 40 fr.
2er prix supplémentaire. — 167 *Milord*, à M. Verdier, 40 fr.
2e prix. — Mâle ou femelle. 168 *Miss*, à M. Verdier, 30 fr.
Mentions honorables. — *Paulette*, à M. C. des Loges.
Mentions honorables. — 289 *Finette*, à M. Iffernet.

44e CLASSE. — *Bull terriers et terriers divers.*
1re *Subdivision.* — Bull terriers.

1er prix. — Mâle ou femelle. 336 *Coquette*, à M. Poullier-
Ketele, 49 fr.

2ᵉ prix. — Mâle ou femelle. 190 *Bouboule*, à M. Désiré Bony, 30 fr.

2ᵉ *Subdivision.* — Fox terriers.

1ᵉʳ prix. — Mâle ou femelle. — 310 *Brifaut*, à M. Aug. Deullin, 40 fr.

2ᵉ prix. — Mâle ou femelle. —197 *Pickle*, à M. le comte René de Beaumont, 30 fr.

3ᵉ *Subdivision.* — Skye et Dandie-Dinmont terriers.

1ᵉʳ prix. — Mâle ou femelle. — 50 *Gilderoy*, à Manouk-Bey, 40 francs.

2ᵉ prix. — Mâle ou femelle. — 52 *Major*, à Manouk-Bey, 30 fr.

Mention honorable. — 376 *Doctor*, Dandie-Dinmont, terrier, non catalogué, à M. Portier.

45ᵉ CLASSE. — *Chiens de luxe à poils ras.*
1ʳᵉ *Subdivision.* — Carlins.

1ᵉʳ prix. — Mâle ou femelle (non décerné), 40 fr.
2ᵉ   —   —   (non décerné), 30 fr.

2ᵉ *Subdivision.* — Dalmatiens.

1ᵉʳ prix. — Mâle ou femelle (non décerné), 40 fr.
2ᵉ   —   —   (non décerné), 30 fr.

3ᵉ *Subdivision.* — Toy terriers.

1ᵉʳ prix. — Mâle ou femelle. — 280 *Prince*, à M. Hardiviller, 40 francs.

1ᵉʳ prix supplémentaire. — 96 *Omic*, à M. le vicomte de Fleury, 40 francs.

2ᵉ prix supplémentaire. — 171 *Braith*, à M. Leriche, 30 fr.

Mention honorable. — 254 *Trimm*, à Mme Motsch.

46ᵉ CLASSE. — *Chiens de luxe à longs poils.*

1ʳᵉ *Subdivision.* —King-Charles et Blenheims.

1ᵉʳ prix. — Mâle ou femelle. — 46 *Polly*, à Mme la princesse de Mondarco, 40 fr.

2ᵉ prix. — Mâle ou femelle. — 278 *Daisy*, à M. Hardiviller. 30 francs.

2ᵉ *Subdivision.* — Maltais et havanais.

1ᵉʳ prix. — Mâle ou femelle. — 284 *Criquet*, à M. Hardiviller. 40 francs.

1ᵉʳ prix supplémentaire. — 249 *Coco*, à Mme Marie Boyer, 30 fr.

3ᵉ *Subdivision,* — Terriers nains à poils longs.

1ᵉʳ prix. — Mâle ou femelle. — 282 *Minnée*, à M. Hardiviller, 40 francs.

1ᵉʳ prix supplémentaire. — 145 *Prince*, à Mme Booth, 40 fr.

1ᵉʳ — — 283 *Friquette*, à M. Hardiviller, 40 fr.

2ᵉ prix. — Mâle ou femelle. — 157 *Princesse*, à Mme Booth, 30 francs.

2ᵉ prix supplémentaire. — 208 *Faret*, à M. Bouet, 30 fr.

4ᵉ *Subdivision.* — Loulous de Poméranie.

2ᵉ prix. — 24 *Punch*, à Mlle Marie-Jeanne Lefèvre, 30 fr.

47ᵉ CLASSE. — *Chiens divers.*

1ᵉʳ prix. — Mâle ou femelle. — 199 *Lotchine*, à Mme Pauline Duret, 40 fr.

2ᵉ prix. — Mâle ou femelle. — 232 *Lotchine*, à M. le Dʳ Regnard.

EXPOSITION INTERNATIONALE DES RACES CANINES
A BRUXELLES

Suite de la liste des Prix.

moucheté bleu, par Robin Hood I (L. O. S. H. 56) (K. C. S.
B. 11395), hors de Queen (D. H. S. B. 551). El. S. A. S. le
prince de Solms. 2ᵉ pr. Amsterdam 1884. — Pas à vendre.

M. H. RAMBLER, M. Waroqué.

Trois 1/2 ans, blue belton, par Rake (K. C. S. B. 9097), hors de
Daphne (K. C. S. B. 8203). El. S. A. S. le prince Alb. de
Solms. M. H. Spa 1882. — A vendre, 300 francs.

M. H. BANG, M van Brussel.

Né le 2 février 1884, blanc et brun, par Rapp II, hors de Nelle.
M. David de Gheest. — Pas à vendre.

M. MAST, M. le baron van Havre.

(D. H. S. B. 196) (L. O. S. H. 409), né le 4 juin 1879, blanc mou-
cheté de noir, tête côté droit noir, par Rake (K. C. S. B. 9096)
(D. H. S. B. 202), hors de Kate II (D. H. S. B. 234). El. comte
O. Hardenberg. 2ᵉ pr. Hanovre 1881, 1ᵉʳ pr. Berlin 1883,
M. H. Anvers 1884. — A vendre, 1,200 francs.

M. SHOT, M. A. Elsen.

20 mois, noir et blanc, origine inconnue. — Pas à vendre.

M. HURRICANE, M. le baron Alp. de Rosen.

Dix mois, orange et blanc moucheté, par Whirlwind (K. C. S.
B. 12535), hors de Silly. — Pas à vendre.

M. GENERAL MONK II, M. E. Timmermans.

Né le 14 juin 1882, blanc tacheté de noir, oreilles noires, un
œil noir, par Prince Max (K. C. S. B. 10154), hors de Blanche III. Prince Max, par Tam O'Shanter (K. C. S. B. 6118), hors
de Countess Blanche III, par General Monk (K. C. S. B. 10174),
hors de Blanche II. El. M. F. Roussel, à Roubaix.—A vendre,
1,500 francs.

EXPOSITION INTERNATIONALE DES RACES CANINES
A BRUXELLES

Suite de la liste des Prix.

M. LORD WESTMORELAND, M. J. Jeffes.
 1 an et 10 mois, blue belton par Champion Sir Alister (K.C.S.B.
 10165), hors de Beauty Queen (K. C. S. B. 10169), par Champion Rock (K. C. S. B. 4280), hors de Flash. M. T. II. Cristal
 Palace (puppy class) 1883, 1er pr. Darlington 1884, 3e pr.
 Halifax 1885. — A vendre, 1,000 fr.

32me CLASSE

1er prix. EMPRESS MEG, M. le baron Alph. de Rosen.
2e prix. COUNTESS PRIM, S. A. S. le prince de Solms.
 (K. C. S. B. 10180), cinq ans, blanche et noire, par Count Wind-
   hem (K. C. S. B. 8369), hors de Champion Princess (K. C. S.
   B. 5081). El. M. Purcell-Llewellin. 1er pr. Crystal Palace,
   2e pr. Spa 1882.
4e prix. DAPHNÉ, au même
 (L. O. S. H. 71), sept ans, blanche et noire, par Dash II (K. C.
   S. B. 5039), hors de Duchess of Orange, par Dash (K. C. S. B.
   1342). El. M. G. Brewis. 2e pr. Berlin 1880, 3e pr. Elberfeld
   1880, 1er pr. et pr. d'honneur Clèves 1881, 1er pr. Spa 1882,
   pr. d'honneur Munich 1883. — A vendre, 600 francs.
4e prix. NELL OF TONGEREN, M. le baron Ch. de Rosen.
 Denx ans, blanche et blue belton, oreilles noires, par Robin-
   Hood I (L. O. S. H. 56), hors de Thecla. El. le propriétatre. —
   Pas à vendre.
M. T. H. LADY ABBESS, M. F.-R. Moser.
 (K. C. S. B. 14140), née le 28 juillet 1882, blanche et noire,
   mouchetée de feu à la tête, par Sir Alister (K. C. S. B. 10165),
   hors de Dashing, Doll, II (K. C. S. B. 12544). El. le propriétaire.

1er pr. Crystal Palace (puppy class) 1883, 1er pr. York (puppy
class 1883, 2e pr. Exeter, 2e pr. Cheltenham. — A vendre, 35
livres sterling.

M. H. FANNY, M. E. Walraevens.

Un an, blanche tachetée de noir, par Prince Max (K. C. S. B.
10154), hors de Rose. Prince Max, par Tam O'Shanter (K. C.
S. B. 6118), hors de Countess Rose, par Jet II (K. C. S. B. 9083),
hors de Lerna. El. M. Tondreau-Loiseau. — A vendre, 1,000 fr.

M. H. MAGGIE, M. le baron Alph. de Rosen.

Née le 17 avril 1883, blue belton marquée feu, oreilles noires,
par Diamond (K. C. S. B. 4265), hors de Minnie. Diamond,
par Sargeant, hors de Old Kate. Minnie, par Donald, hors de
Besse. El. M. E. Vach. — Pas à vendre.

M. ZYPP, M. R. Lamarche.

(L. O. S. H. 422), née le 12 mars 1884, blue belton, par Robin-
Hood (L. O. S. H. 56), hors de Dream (L. O. S. H. 415). El. le
propriétaire.

M. COUNTESS OF KENT, S. A. S. le prince de Solms.

(K. C. S. B. 15184), cinq ans, blanche et noire, par Tam
O'Shanter (K. C. S. B. 6118), hors Countess. El. M. Salter.
1er pr. Amsterdam 1884, 2e pr. Munich 1883. — A vendre, 2,000 fr.

M. BONNIE COUNTESS, au même.

(K. C. S. B. vol. XI), deux ans et demi, blanche et brune, par
Cleve (K. C. S. B. 11368), hors de Countess Kate (K. C. S.
B. 10178). El. M. J.-A Doyle. — A vendre, 2,000 francs.

M. CORA IV, M. E. Roussel.

(K. C. S. B. 18103), née en juin 1882, blanche avec taches et
mouchetures noires, par Prince Max (K. C. S. B. 10154), hors
de Blanche IV (K. C. S. B. 18104). Prince Max, par Tam
O'Shanter (K. C. S. B. 6118), hors de Countess. Blanche IV,
par General Monck I (K. C. S. B. 10147), hors de Blanche I
(K. C. S. B. 10174. El. le propriétaire. — Pas à vendre.

M. COUNTESS, M. A. Tondreau-Loiseau.

Née le 3 juin 1884, blue belton, par Prince Max (K. C. S. B.
10154), hors de Myrthe Bloom (K. C. S. B. 11445). El. le propriétaire.

M. Diane, M. L. Leblon.

(L. O. S. H. 225), trois ans, blanche et orange. Par Count Phantom (K. C. S. B. 11370), hors de Rose Blossum (K. C. S. B. 11458), El. M. W. Mount, Canterbury. — Pas à vendre.

M. Mena, M. G. Potter.

Quatre ans, blanche mouchetée orange, par Champion Rock (K. C. S. B. 4280), hors de Meg, à M. Cockerton. El. M. Cockerton. — A vendre, 200 livres sterling.

33ᵐᵉ CLASSE

1ᵉʳ prix. Don, M. G. T'Serstevens.

2 ans, noir et feu, par Dasher (K. C. S. B. 10241) hors de Duchess (K. C. S. B. 10272). El. M. Tondreau-Loiseau. — A vendre, 600 francs.

2ᵉ prix. Grouse II, M. L. Fauvel.

(L. O. S. H. 240), 5 ans, noir et feu, par Bob, frère de Molly par Grouse (K. C. S. B. 9175), hors de Sally, sœur de Lorna (K. C. S. B. 9175), hors de Sapho par Dan (K. C. S. B. 1580). hors de Juno, à M. Olimen. Juno par Grouse, hors de Kena. Grouse par Roll. El. M. Brand. 1ᵉʳ pr. Greenock 1882. 2ᵉ pr. Anvers 1884. — Pas à vendre.

3ᵉ prix. Pitt, M. A. Roberti.

Né le 20 juin 1883, noir et feu, par Duc I. hors de X..., du Jardin d'acclimatation de Paris. Duc I. par Rock, hors de Bell. — Pas à vendre.

M. T. H. Arabi, M. L. Leblon.

2 ans 1/2, noir et feu, par Young Black, hors de Lilly (L. O. S. H. 91). — A vendre.

M. T H. Sam, M. R. Parnell.

1 an et 9 mois, noir et feu, par Sultan II à M. Lindsay, hors de Oundle Ruby (K. C. S. B. 15743). El. le propriétaire. A vendre. 35 livres sterling.

M. T. H. Norwich Banquo, M. Webster-Adams.

2 ans, noir et feu, par Ronald III (K. C. S. B. 13479), hors de Norwich Cloom. El. M. W. Long. 3ᵉ pr. Crystal Palace 1885. — A vendre, 50 livres sterling.

M. H. Lord, M. E. Puissant.

6 ans, noir et feu, par Duke (D. H. S. B. 262), hors de Duchesse
(D. H. S. B. 273) (K. C. S. B. 11503). El. le Prince Alb. de
Solms. 3ᵉ pr. Clèves. — Pas à vendre.

M. H. CZAR, au même.

2 ans 1/2, noir et feu, par Champion Marquis, hors de Champion Fan II. 1ᵉʳ pr. Torquay, 1ᵉʳ pr. Bristol. 1ᵉʳ pr. Bedford.

M. H. TURC, M. E. Lemercier.

2 ans, noir et feu, par Duc, hors de Lina. Duc, par Rock. Rock,
par Champion Ronald (K. C. S. B. 6159). Lina, par Black, hors
de Nora. Black, par Bloosom, hors de Juno (K. C. S. B. 5157).
Nora, par Tweed, hors de Dinah du Jardin d'Acclimatation de
Paris. El. M. Eug. Walravens. — A vendre, 700 francs.

M. MARCO, M. F. Ingen-Houtz.

4 ans, noir et feu, par Black (M. H. Bruxelles 1880, 1ᵉʳ prix. La
Haye 1882, M. H. Spa 1882), hors de Miss, à M. J. David
(K. C. S. B. 10279). El. M. Roberti. 2ᵉ pr. La Haye 1882. —
Pas à vendre.

M. PLICK, M. F. Algoet.

2 ans noir et feu, par Duc, hors de Lena. — Duc, par Rock, par
Champion Ronald (K. C. S. B. 5157). Lena, par Black, hors de
Nora. — A vendre, 500 francs.

M. TOM, M. L. Fauvel.

7 mois, noir et feu, par Grouse II (L. O. S. H. 240), hors de Flore
(M. H. Anvers 1884.) El. le propriétaire.

M. YOUNG DASH, M. Willame Pagnier.

(K. C. S. B. 15039). 15 mois, noir et feu, par Dash II, hors de
Jop. — Pas à vendre.

M. MILO II, M. A. Anspach.

Né le 13 avril 1882, noir et feu, par Ronald II (D. H. S. B. 566),
hors de Belle II (K. C. S. B. 10261). El. M. U. Marais. — A
vendre, 900 francs.

M. DONNER, M. le comte F. Dumonceau de Bergendael.

2 ans et 4 mois, noir et feu, un peu de blanc à la poitrine. —
Pas à vendre.

34ᵐᵉ CLASSE

1ᵉʳ prix. BELLE, M. L. Fauvel.

(L. O. S. A. 243(, née le 8 octobre 1882, noire et feu, par Bruce
VI (K. C. S. B. vol. XII), par Bishop (K. C. S. B. 10235), par Bob
(K. C. S. B. 8230), hors de Floss (K. C. S. B. 4139), hors de
Blanche II (K. C. S. B. 13400). El. M. Parson. 1ᵉʳ pr. Anvers
1884.

2ᵉ prix. DEVON DUCHESS, M. John Lee Bulled.

Deux ans, noire et feu, par Duke, par Lang, hors de Duchess.
El. M. Templer. — A vendre, 760 francs.

3ᵉ prix. NORWICH BLOOM, M. E. Cordier.

(K. C. S. B, 13531), née le 8 février 1881, noire et feu, par Rock
à M. Blake, hors de Bloom, à M. R. Burn. El. M. Burn. 2ᵉ pr.
Crystal Palace 1883, 1ᵉʳ pr. en partage Colchester 1883, 2ᵉ pr.
Ipswich 1883, 1ᵉʳ pr. Alexandra Palace 1884, 1ᵉʳ pr. Darlington 1884. — Pas à vendre.

M. T. H. (n° réservé). LINA, M. G. T'Serstevens.

14 mois, noire et feu, par Don, hors de Flo, à M. Clément (Windl-
fowler). — A vendre, 200 francs.

M. T. H. FLORE, M. L. Sauvage.

M. H. DUCHESS OF BRAUNFELS, S. A. S. le prince de Solms.

(K. C. S. B. 15188), 6 ans, noire et feu, par Duke, hors de Duchess II (K. C. S.'B. 11503) pure race Gordon Castle. El. le
propriétaire. 1ᵉʳ pr. Berlin 1883. — A vendre, 500 francs.

M. H. FLOSS OF BRAUNFELS, au même.

(K. C. S. B. 13503), 3 ans 1/2, noire et feu, par Bishop (K. S. B.
10235), hors Champion Floss (K. C. S. B, 4319), El. M. E.-L.
Parsons. — A vendre, 1,000 francs.

M. H. BELLE OF BRAUNFELS, au même.

(K. C. S. B. 15187), 3 ans 1/2, noire et feu, par Donald (K. C. S. D.
11476), hors Empress (D. H. S. B. 274). El. le propriétaire.
2ᵉ pr. Munich 1883, pr. d'honneur Berlin 1883. 3ᵉ pr. Anvers
1884, 2ᵉ pr. Amsterdam 1884. — A vendre, 1,000 francs.

M. DUCHESS OF DARLINGTON, M. L. Vanderbelen.

(L. O. S. H. 246), 2 ans 1/2, noire et feu, par Duke (K. C. S. B.

1592), hors de Nell, par Dash, hors de Flo. El. M. Pickersgill,
à Darlington. — A vendre, 350 fr.

M. DIANE, M. Lepeucque.

2 ans et 1/2, noire et feu, tache blanche à la poitrine. Origine
inconnue. — Pas à vendre.

35me CLASSE.

1er prix. KING BILLY, M. le Rev. A. Gover.

(K. C. S. B. 11537), quatre ans, rouge étoile blanche au front,
tache blanche à la poitrine, par Cyprus, hors de Lady Emily
(K. C. S. B. 11554). El. M. Hilliard. 1er pr. Crystal Palace
(puppy class) 1881, 2e pr. Alexandra Palace 1882, 1er pr. Crystal Palace 1883, 3e pr. Crystal Palace 1884,, etc., etc. — A
vendre, 150 livres sterling.

2e prix. TOM II, M. J. Voss Hubert.

(L. O. S. H. 435), 17 mois, rouge acajou, par Tom (L. O. S. H. 96),
hors de Sheelah (L. O. S. H. 104). El. M. de Foullon. — Pas à
vendre.

3e prix. GÉNÉRAL ROBERTS, M. E. Mertens.

(K. C. S. B. 163), trois ans, rouge, par Shot, hors de Elsie. El.
M. Fletcher. Sept premiers pr. en Angleterre. — Pas à vendre.

M. H. GARÇON, M. le baron G. de Vinck.

(L. O. S. H. 432), né le 4 décembre 1883, rouge acajou, par Tom
(L. O. S. H. 96), hors de Nelly (L. O. S. H. 100). El. M. De-
give, Anvers. — Pas à vendre.

M. SHAMROCK, M. le baron E. de Cartier.

(L. O. S. H. 95), né le 22 février 1882, rouge acajou, par Boy
(D. H. S. B. 293), hors de Cora (D. W. S. B. 599), El. M. le
baron Taets von Amerongen. — Pas à vendre.

36e CLASSE.

1er prix. NORA, M. le baron E. de Cartier.

(L. O. S. H. 102), née le 6 avril 1882, rouge acajou, par Whis-
per (K. C. S. B. 8280), hors de Dona, par Joe (D. H. S. B.
299), hors de Lady (D. H. S. B. 311). El. M. le baron Taets von
Amerongen. — Pas à vendre.

2ᵉ prix. Leda, M. le comte O. Hardenberg.

(D. H. S. B. 1459), quatre ans, rouge, par Bob (D. H. S. B. 262), hors de Vénus (D. H. S. B. 316). El. M. Marais. — A vendre, 800 francs.

3ᵉ prix. Lanor II, M. B. Baiker.

Née le 1ᵉʳ mars 1884, rouge, par Champion Ganymède (K. C. S. B. 10304), hors de Hebe (K. C. S. B. 10325). El. le Bev. O'Callaghan. M. H. Hanley, 2 pr. partagé Warwick 1885. — A vendre, 52 livres sterling 10 shillings.

M. T. H. Puce, M. G. Paternostre.

Née le 1ᵉʳ août 1879, rouge, tache blanche à la poitrine, par Stop (L. O. S. H. 257), hors de Belle (L. O. S. H. 258). El. le général David. — Pas à vendre.

M. H. Aileen III, M. L. Cordier fils.

Quatre ans et demi, rouge foncé, par Count (K. C. S. B. 8257), hors de Daisy (K. C. S. B. 6206). Count, par Champion Palmerston (K. C. S. B. 5138), hors de Bella (K. C. S. B. 6204). Daisy, par Prim, hors de Nell (K. C. S. B, 5161). Nell, propre sœur de Lilly II à M. Purcell Llewellin. El. M. Woodville Ored Chippenham, Wilt 1ᵉʳ pr. Darlington. A vendre, 1,000 fr.

M. H. Geneva, S. A. S. le prince de Solms.

Un an, rouge, par Ganymède (K. C. S. B. 10304), hors de Lady Roberts. El. Lady Emile Peel. — Pas à vendre.

M. H. Roussotte, M. Sodenkamp.

Trois ans, rouge, origine inconnue. El. M. Huart Moore, Dublin. — Pas à vendre.

M. Stella, M. H. Otto de Mentock.

(L. O. S. H. 264), née le 14 février 1883, rouge, par Tom (L. O. S. H. 96), hors de Irène (L. O. S. H. 99). El. le propriétaire. — A vendre, 750 francs.

M. Nelly II, M. M. Braconier.

(L. O. S. H. 101), née en 1881, rouge, par Bob (D. H. S. B. 292), hors de Coquette (D. H. S. B. 597). El. M. Marais. — A vendre, 400 francs.

M. Sarah, M. le baron F. Béthune.

Deux ans, rouge, origine inconnue. — Pas à vendre.

37me CLASSE

1er prix. Bosko, M. E. Bollens-Sas.
 (L. O. S. H. 438), race du pays, cinq ans, blanc et brun, origine inconnue. 2e pr. Anvers 1884. — Pas à vendre.
2e prix. Don, M. le comte O. Hardenberg.
 Race allemande, vingt mois, brun avec un peu de blanc sur la poitrine, par Don II, hors de Cora. El. Dr Hartmann. — A vendre, 300 francs.
3e prix. Tom, M. E. de Hennin.
 Race du pays, six ans, blanc et marron. Origine inconnue. — A vendre, 250 francs.

38me CLASSE

2e prix. Miss, M. F. De Ridder.
 (L. O. S. H. 106), sept ans, blanche et brune. Origine inconnue. 2e pr. Spa 1882, 2e pr. Anvers 1884. — Pas à vendre.

39me CLASSE

1er prix. Médoc Moustache, M. E. Korthals.
 M., né le 16 janvier 1882, gris et marron, par Moustache II (L. O. S. H. 110), hors de Clairette. El. le propriétaire.
2e prix. Chasseur-Moustache, au même.
 (L. O. S. H. 107), M. né le 31 décembre 1881, gris et marron, par Moustache II (L. O S. H. 110), hors de Clairette. El. le propriétaire. Pr. d'honneur en groupe Spa 1882, 1er pr. et pr. d'honneur Anvers 1884, pr. Champion Amsterdam 1884, 2e pr. Epreuves Berlin 1884. — Pas à vendre.
3e prix. Brocard, M. G. van der Elst.
 (L. O. S. H. 267), né le 15 fevrier 1883, gris marron, par Moustache II (L. O. S. H. 110), hors d'Angot (L. O. S. H. 440). El. M. Korthals, Biebesheim. M. H. Anvers 1884. — Pas à vendre.

40me CLASSE

1er prix. Guerre, M. E. Korthals.

Née le 1er février 1884, gris et marron, par Moustache II (L. O.
S. H. 110), hors de Angot (L. O. S. H. 440). El. le propriétaire.
2me pr. Epreuves Berlin 1885. — Pas à vendre.

2e prix. DIANE, au même.

(L. O. S. H. 442), née le 10 juillet 1882, gris et marron, par
Moustache II (L. O. S. H. 110), hors de Clairette. El. le propriétaire. 1er pr. Anvers 1884. — Pas à vendre.

3e prix. LA BELLE HÉLÈNE, M. G. van der Elst.

Née le 3 juillet 1884, gris marron, par Moustache II (L. O. S.
H. 110), hors de Angot (L. O. S. H. 450). El. M. Korthals,
Biebesheim. — Pas à vendre.

M. T. H. BELLE, au même.

(L. O. S. H. 441), née le 1er février 1884, marron et gris, par
Moustache II (L. O. S. H. 110), hors d'Angot (L. O. S. H. 440).
El. M. Korthals, Biebesheim. — Pas à vendre.

41me CLASSE

1er prix. Fox, M. A. de Pierpont.

(L. O. S. H. 270), 3 1/2 ans, blanc et brun. Origine inconnue.
El. M. Em. Pirmez. 2me pr. Ostende 1883, 1er pr. Anvers 1884.
— A vendre, 400 francs.

2e prix. MAX, M. F. De Ridder.

(L. O. S. H. 114), 5 1/2 ans, blanc et fauve. Importé de France.
2me pr. Spa 1882. — Pas à vendre.

M. Fox, M. Vandenperre.

2 1/2 ans, marron, origine inconnue. M. H. Anvers 1884.

42me CLASSE

Pas de prix décernés.

Cinquième Groupe

43me CLASSE

1er prix. CRICORY II, M. G. H. Granville.

(K. C. S. B. 12657), F., née le 16 février 1882, noire, par Garnet
(K. C. S. B. 8317), hors de Cocoanut (K. C. S. B. 7331). El. le
propriétaire. 2me prix Birmingham 1883, 1er prix Warwick

1883 et 1884, 1er prix Hertford 1883, prix de Champion en partage Crystal Palace 1884, prix de Champion Warwick 1885. — A vendre, 40 livres sterling.

2e prix. BLACK QUEEN, M. Webster Adams.

(K. C. S. B. 12656), F., 3 ans, noire, par Young King Koffee (K. C. S. B. 10373), hors de Poly II (K. C. S. B. 10385). El. M Skipworth. 1er prix Crystal Palace 1882. — A vendre, 25 livres sterling.

M. DUC, M. E. Staesens.

M. 2 ans 7 mois, brun, origine inconnue. El. le propriétaire. — Pas à vendre.

44me CLASSE

1er prix. NANCY, M. John Lee Bulled.

F., 1 an et 10 mois, noire, par Idstone, hors de Flirt II. El. M. Foster. 1er pr. Hull, 1er pr. Ilfracombe, 1er pr. Bodmin. — A vendre, 760 francs.

2e prix. DARTFORD SAM, M. W. P. Coster.

M., 3 ans et 9 mois, noir, par Bosco, hors de France. El. M. Alcock. — Pas à vendre.

M. T. H. ALONZA, M. H. Anstey.

M., né le 14 mai 1884, noir, par Duke O, hors de Brenda, par Champion Bend'or (K. C. S. B. 11561). Duke O, par Discord (K. C. S. B. 11564). El. M. F. Burgess. M. H. Crystal Palace 1885.

Sixième groupe

45me CLASSE

1er prix. CHELMSFORD COUNT, MM. Haylock et Barnard.

M., né en juillet 1883, blanc et citron, par Champion Psycho (K. C. S. B. 9257), hors de Clumsy. El. M. Harry Clarke, Abbingdon. 3me pr. Crystal Palace 1885. — A vendre, 50 livres sterling.

2e prix. LIGHTWOD RUBY, M. John W. Carn.

(K. C. S. B. 17650, vol. XII), F., blanche et citron. 1er pr. Hanley 1885, 2me pr. Warwick 1885. — A vendre, 50 livres sterling.

46me CLASSE

1er prix. BRIDFORD MAUBERT, Misses Walland.

M., né le 28 avril 1884, brun doré, petite tache blanche sous la
poitrine, par Horatio (K. C. S. B. 13625), hors de Belle Brad-
ley. El. le propriétaire. 1er pr. en partage Hanley 1885, 1er pr.
Tunbridge Wells, 2me pr. Warwick 1885. — A vendre, 25
guinées.

2e prix. BARYTA, MM. Holley Brothers.

(K. C. S. B. 12690) (L. O. S. H. 275), M., né en janvier 1882, brun
doré, par Bounce, hors de Duchess VI. El. les propriétaires.
2me pr. Crystal Palace, Hertford, Margate, Stroud, 1er pr. Ostende 1883, Maidstone, Swindon 2 fois, Anvers, Bristol, Dublin, etc., prix de Champion à Hanley. — A vendre, 1,000 fr.

M. T. H. BEN, M. A. Tondreau-Loiseau.

Sussex Spaniel, M., né en avril 1883, marron avec ligne blanche
à la poitrine, par Spite (K. C. S. B. 9283), hors de Belle.
Belle, par Gloss (K. C. S. B. 12718), hors de Smeethy (K. C.
S. B. 10441). El. M. R. B. Leach. — A vendre, 350 francs.

M. H. BEE-BEE, M. John Lee Bulled.

Sussex Spaniel, M., 2 ans 3 mois, brun avec un peu de blanc
à la poitrine, par Rover, hors de Nelly. El. M. Foster. 1er pr.
Tunbridge. 2me pr. Long-Metford, 2me pr. Portsmouth. — A
vendre, 380 francs.

47me CLASSE

1er prix. FAG ex-Alphonso, M. Ch. della Faille.

Ex-Alphonso (L. O. S. H. 451), Cocker Spaniel, M., 2 ans, blanc
et brun, par Darcy, par Chance II, hors de Fan. El. M. Thomson
Smith, Angleterre. M. H. Anvers 1884. — Pas à vendre.

2e prix. NELLIE, M. C. C. Lawrence.

Cocker Spaniel, F., 18 mois, blanche et noire, origine inconnue.
— A vendre, 20 guinées.

48me CLASSE

1er prix. CHELMSFORD CAUTION, M. le Rev. Alfred Gover.

M., 1 1/2 an, noir avec une petite marque blanche à la poitrine.

El. MM. Havlock et Barnard. 1er pr. Safron-Walden 1884,
1er pr. et pr. spécial Tunbrige Welss, 2e pr. Cambridge, etc·
— A vendre, 150 livres sterling.

2e prix. ALTHEA, MM. Holley Brothers.
(K. C. S. B. 15837), F., née en juin 1883, noire, par Chimney
Sweep, hors de Aureola (K. C. S. B. 13778). El. les proprié-
taires. 2e pr. Maidstone. Swindon, Hanley, 1er pr. Cardiff,
Bristol, etc, etc. — A vendre, 800 francs.

M. T. H. LONGFELLOW, M. Richard Lloyd.
M. 14 mois, noir, par Champion Baryta (K. C. S. B. 12690), hors
de Little Lady. El. le propriétaire. — A vendre 100 livres
sterling.

M. T. H. TAMER, M. A. Tondreau-Loiseau.
F. 3 ans, noire, par Black Prince (K. C. S. B. 6304), hors de Rin-
glet (K. C. S. B. 6322). El. M. Round, Pipton (Angleterre). —
A vendre 500 francs.

M. H. BEND'OR, M. Willame Pagnier.
K. C. S. B. 12704), M., 3 ans, noir, par Kaffir. hors de Ladyship.
1er pr. Paris, 1er pr. Alexandra Palace, 1er pr. Torquay, 1er pr.
Crystal Palace, etc.

M. LITTLE TOPSY, M. A. Tondreau-Loiseau.
F., née en mars 1883, noire avec un peu de blanc à la poitrine.
par Lothair et Topsy II. Lothair, par Franck II (K. C. S. B.
10450), hors de Lady II (K. C. S. B. 10472). Topsy II, par
Brush (K. C. S. B. 7371), hors de Beauty (K. C. S. B. 8362). —
A vendre, 400 francs.

M. NEWTON-ABBOT-NEGRESS, M. H. A Clogg.
F., née le 29 juillet 1882, noire, par Bachelor III (K. C. S. B.
11617), hors de Negress. El. M. Jacobs. 1er pr. Frome. — A
vendre, 105 livres sterling.

49me CLASSE

1er prix. BARNEY O'TOOLE, M. W. Thomson.
(K. C. S. B. 14084), M., 2 ans 10 mois, brun, par Barney, hors
de Biddy. El. inconnu, 2e pr. Hertford 2e pr. Frome, 1er pr.
Bridport, 1er pr. Swindon, 2e pr. Hanlez. 2e pr. Crystal Palace,
1er pr. Warwick.

Septième groupe

CLASSES 50, 51, 52, 53.

Prix d'honneur offert par la Société Saint-Hubert au plus
beau Dachshund.

Prix d'honneur. WAGTAIL, M. Harry Jones.
  (K. C. S. B. 16633), née le 20 mai 1883, noire et feu, par Wag,
  au capitaine Bowden, hors de Thusnelda (K. C. S. B. 10528).
  El. M. Arkwright, Esq., 1er pr Tumbridge Wells. — Pas à
  vendre.

50me CLASSE

1er prix. WALDMANN, M. H.-F. Wagner.
  1 an 9 mois, noir et feu, par Waldmann, hors de Waldine (2e pr.
  Clèves). El. le propriétaire 1er pr. Vienne 1884, 1er pr. Amsterdam 1884. — A vendre, 450 francs.
2e prix. SOLIMAN, M. C. Burger.
  2 ans, noir et feu, par Waldam II (L. O. S. H. 120, hors de
  Selma. El. le propriétaire. 1er pr. Nice, 1er pr. Amsterdam
  1884. — A vendre 250 francs.
M. T. H. NAZI, M. Bracksick.
  1 1/2 an, rouge, par Schnepp (D. H. S. B. 1246), hors de Hexe
  (D. H. S. B. 364). El. M. le lieutenant Fink, Berlin.
M. T. H. TECKEL, M. F. Vanbuggenhoudt.
  11 mois, brun rouge avec taches feu, par Waldmann II (L. O
  S. H. 1à0), hors de Waldine, D. L O. S. H. 462). El. M. le
  Comte de Beauffort. — Pas à vendre.
M. H. LOBO, M. J. Proctor.
  1 an, noir et feu, par Zwicker, hors de Longa. — A vendre
  20,00 francs.

51me CLASSE

1er prix. LONGA, M. C. Burger.
  (L. O. S. H. 458), deux ans, noire et feu, par Zanker, hors de

Erdine. El. le propriétaire. 2ᵉ pr. Nice, 2ᵉ pr. Anvers 1884.
— A vendre, 250 francs.

2ᵉ prix. WALDINE, au même.

Deux ans, noir et feu, par Waldman II (L. O. S. H. 120), hors
de Bella. El. le propriétaire. 1ᵉʳ pr. Nice. — A vendre,
250 francs.

M. T. H. ERDA, M. le comte de Beauffort.

Née le 10 juin 1884, noire et feu, étoile blanche à la poitrine,
par Waldmann II (L. O. S. H. 120), à M. Gihoul, et Waldine,
(D. L. O. S. H. 462). El. le propriétaire.—A vendre, 300 francs.

M. T. H. WALDINE, M. H. Wagner.

(Avec trois jeunes mâles), 1 an 3 mois, noire et feu, par Waldmann, hors de Erdine (1ᵉʳ pr. Graz). El. le propriétaire. — A
vendre, 150 francs. Les jeunes, de 40 à 70 francs pièce.

52ᵐᵉ CLASSE

1ᵉʳ prix. FELDMANN, M. C. H. S. Forster.

(L. O. S. H. 278), trois ans, roux. Origine inconnue. 1ʳ pr.
Ostende 1883, 1ᵉʳ pr. Anvers 1884. — A vendre, 500 francs.

2ᵉ prix. JOUBERT, M. Harry Jones.

(K. C. S. B. 17034), né le 13 février 1884, rouge, par Champion Maximus (K. C. S. B. 12767), hors de Champion Jezebel
(K. C. S. B. 10519). El. le propriétaire. 1ᵉʳ pr. Cheltenham,
3ᵉ pr. Hanley, 3ᵉ pr. Warwick et coupe d'argent en partage.
— Pas à vendre.

M. T. H. MANNEKEN, M. A. F. Cange.

Quatre ans, jaune. Origine inconnue. — Pas à vendre.

53ᵐᵉ CLASSE

1ᵉʳ prix. WAGTAIL, M. Harry Jones.

2ᵉ prix. RAMETTE, M. A. Gantois.

Neuf mois, noire et feu, par Waldmann II (L. O. S. H. 120),
hors de Gretchen (L. O. S. H. 281). El. M. Gihoul. — Pas à
vendre.

M. T. H. HEXE, M. C. Burger

Deux ans, noire et feu, par Erdmann, hors de Selma. El. le
propriétaire, 3e pr. Vienne 1885. — A vendre, 150 francs.

M. T. H. JOAN OF ARC, M. Harry Jones.
(K. C. S. B. 17117), née le 13 février 1884, rouge, par Champion
Maximus (K. C. S. B. 12767), hors de Thusnelda (K. C. S. B.
10528). El. le propriétaire. 2° pr. Crystal Palace, 1er pr. Poule
des produits Dachshund Club, 2e pr. Warwick et coupe d'argent en partage. — Pas à vendre.

M. H. BELL, M. A. Leclerq.
Née le 10 juin 1884, noire et feu, par Waldmann II (L. O. S. H.
120), hors de Waldine D (L. O. S. H. 462). El. M. le comte de
Beauffort.

CLASSES 54, 55

Prix d'honneur offert par la Société Saint-Hubert au plus
beau Fox-terrier.

Prix d'honneur. PUCK OF BRAUNFELS, S. A. S. le prince Alb. de
Solms.
(K. C. S. B. 13160) (L. O. S. H. 466), trois ans, blanc et marques
brunes, par Spicenut, hors Sting-Nettle (K. C. S. B. 12416).
El. le propriétaire. 3e pr. Anvers 1884, 1er pr. Amsterdam
1884. — A vendre, 3,000 francs.

54me CLASSE

1er prix. PUCK OF BRAUNFELS, S. A. S. le prince de Solms.

2e prix. THE SAFFRONIAN, M. Faville Tuke.
Environ trois ans, blanc, tête noire et feu, par Tyke Only, par
Trajan Till, hors de Patch, par Diamond Jack. El. M. Thur-
good. — A vendre, 50 guinées.

3e prix. PEEPING TOM, M. F. Roots.
(K. C. S. B. 16866), deux 1|2 ans, blanc marqué de feu à la tête,
par Akelm Rally, hors de Wild Rose. El. M. Evans Eccles.
1er pr. March, 2e pr. Cambridge, 2e pr. Durham, 2e pr. Ponte-
fract, 3e pr. Cambridge. — A vendre, 50 livres sterling.

55ᵐᵉ CLASSE

1ᵉʳ prix. BROOKLANDS BELLA, M. F. Roots.

Six mois, blanche, marquée noir et feu à la tête, par Peeping
Tom (K. C. S. B. 16866), hors de Brooklands Corrie. El. le
propriétaire. — A vendre, 25 livres sterling.

2ᵉ prix. SILLY, S. A. S. le prince de Solms.

Un an, blanche et marques brunes, par Puck of Braunfels (K.
C. S. B. 15160), hors de Sting Nettle II. El. le propriétaire. —
A vendre, 2,000 francs.

3ᵉ prix. SAFFRON BELLE, M. Faville Tuke.

Dix mois, blanche, tête noire et feu, par Darkie à M. Russell,
hors de Freda au Rev. Fisher. El. le Rev. Fisher. M. T. H.
— A vendre, 20 guinées.

M. H. FERNYHERST-FUSSY, M. H. Meurer.

(K. C. S. B. 13945), trois ans, tête mi-partie noire et feu, deux
taches noires sur le corps et à la naissance de la queue, par
Poison (K. C. S. B. 6952), hors de Fernyherst Frisky (K. C. S.
B. 5971). El. M. Edwardes Ker, Woodbridge Suffolk. 1ᵉʳ pr.
et 2ᵉ pr. (novice class) et 2ᵉ pr. (puppy class) Colchester 1883.

DEUXIÈME CATÉGORIE

CHIENS D'UTILITÉ ET D'AGRÉMENT

Huitième groupe

56ᵐᵉ CLASSE

1ᵉʳ prix. KING BRUCE, M. R. W. Moll.

(K. C. S. B. 16787), deux ans neuf mois, noir. El. M. Anenth.
1ᵉʳ pr. Darlington 1883, 1ᵉʳ pr. et coupe Aberdeen, Alloa et
Dundee 1884, 1ᵉʳ pr. Hull 1884, 2ᵉ pr. Edimbourg 1884, 2ᵉ pr.
Crystal Palace 1885, 2ᵉ pr. Warwick 1885.—A vendre, 75 livres
sterling.

2ᵉ prix. SULTAN, M. de Bruycker.

(L. O. S. H. 292), 6 ans, noir, collier, poitrine, pattes de devant,
bout des pattes de derrière et bout de la queue blancs, origine inconnue. 2ᵉ pr. Ostende 1883. — Pas à vendre.